自殺をくい止めろ!

東尋坊の茂さん宣言

茂 幸雄

三省堂

目次

第5章 自殺を考えた体験者との「語る会」の開催報告

第7章　シェルター・ネットワークの構築　133

■写真撮影＝吉村拓治

はじめに

自殺の名所と呼ばれている、福井県・東尋坊《とうじんぼう》の片隅に
「たった一つの命、お持ち帰りできます」

「1分58秒でお持ち帰りできます」

こんなテイクアウトのメニューをかかげたお餅屋があります。

店名は、「心に響く　おろしもち」。

お世辞にも、流行っているとはいえません。

福井名物の、大根おろしをからめた「おろし餅」や「きなこ餅」「あべかわ餅」などのメニューがありますが、興味を持って立ち寄る観光客はまばらです。

とくに夏場は、熱いお餅を食べる人はほとんどいないのに、このお店ではお餅にこだわっています。何故なら、お餅は日本人にとって祭事には欠かせない神事的な食品として重宝がられており、昔は、年末になると、家族や近所、親戚の人たちが当番の家に集まり、全員で蒸した餅米を搗《つ》き、人と人とのきずなを確認する大切な行事の一つとして正月用のお餅を用意していました。

そして、正月になるとお餅や雑煮を家族全員で食べて、新年を迎えたのです。

また、お祝い時のお土産物の一品として必ず提供されており、もらったお餅を親戚や近所の人に振る舞う、近所付き合いの糧になっていました。


私たちは、東尋坊へ来ざるを得なくなった人たちにお餅をご馳走し、もう一度人間としての喜びと安らぎを取り戻してもらっています。

来店するお客さんは少ないのですが、店の電話や携帯電話はひっきりなしに鳴っています。このお店は、自殺防止を目的としたNPO法人「心に響く文集・編集局」の活動拠点として開設したのです。

東尋坊は、越前加賀海岸国定公園内にあり、安山岩の柱状節理の岩が高さ25メートルまで垂直に伸び、幾重にも日本海に突き出ているのです。岸壁から見おろせば、足がすくみます。ここは、景勝地として人気がある一方で、自殺の名所としての顔があり、毎年、20〜30人がここで命を落とし、100〜150人が自殺未遂者として警察に保護されています。

このNPOでは、ここ5年11ヵ月で241人の「命をお持ち帰りいただいた」実績がありますが、今年は、全国的にも最悪の勢いで自殺者が増えており多忙を極めています。

●東尋坊の岩場をパトロール中の茂さん

昨年（2009年）7月31日、福井県内の六呂師《ろくろし》高原温泉・ピクニックガーデンでは、自殺未遂者が集う「～体験者等との一泊二日の集い～本音で語り合おう！」が開かれ、参加者のうち16人は、かつて東尋坊で助けられた自殺志願者であり、埼玉県、三重県、石川県、大阪府……から集まり、今では立派に社会復帰していますが、参加したくても仕事が忙しくて来られなかった人もいました。

その人たちのほとんどが、かつては多重債務、派遣切りや生活困窮者、うつ病などで苦しんだ人たちでした。

「自殺を考えるほど苦しかった時、まわりの人たちにどうして欲しかったの？」

「あの時、何があれば東尋坊の岸壁に立たなくてもよかったの？」

と、体験談を語りあい、その内容を自殺防止の対策に役立ててもらうため内閣府や厚生労働省にも報告しました。

私たちに命を助けられた人は、二度と自殺をしません。それは、私たちに独自の自殺防止哲学があるからだと思います。

自殺を考えて来られた人は、「死んだらアカン！」と、誰かに声を掛けて欲しいのです。問題は、自殺しなくてもいい環境になるまで、相手と一緒になって行動してあげることです。

この活動を始めたのは、実は、自殺を防げなかった苦い経験があったからです。

2003年3月、私が当時三国警察署（現坂井西警察署）の副署長に着任したとき、管轄内となる東尋坊で、毎年多くの自殺者や同未遂者がおり、そのたびに海上保安庁や消防署のレスキュー隊が出動し、警察が検視・保護を行なっていたのです。

その年の秋のことです。日没時の退庁後に、自主的に一人で東尋坊を自殺防止のためパトロールをしていた時、松林の中にあるベンチで東京在住の72歳の女性と55歳の男性が手首を切り、タオルで止血して日没を待っている姿を認めたため、直感で自殺企図者と判断したことから近づいていき事情を聞きました。

そうしたところ、
私たちは東京で居酒屋を経営していましたが2000万円の借金が溜まり、もう再起不能で夢もなくなり、日没を待って岩場から飛び込み、自殺をするつもりでした。

と、しぶしぶ説明したのです。そこで再起を約束させて病院に搬送し、地元役場に現在地保護の適用者として引き継いだのです。

こんな場合、警察官は警察官職務執行法により「生命に危害を及ぼすおそれのある者」は、「これを保護しなければならない」と定められており、警察官の保護は「24時間以内に関係者に引き継ぐこと」という時間的制限があるのです。しかも、警察は「民事不介入」の原則があり、揉め事の中にまで入れないのです。一方、引継ぎを受けた地方自治体の義務として、生活保護法により「現在地保護」の規定があるため私は、生活保護の手続きをして引継ぎをしたのです。

そんなことがあって数日が経ち、私宛てに一通の手紙が届きました。

三国署に行った際は、もう一度東尋坊より自殺しようと決めていた二人が、皆様の励ましのお言葉に頑張り直そうと再出発致しましたが、（中略）疲れ果てた二人には、とうてい「戦っていく」気力は有りません。（中略）これから、この様な人間が三国に現れて同じ道のりを歩むことの無いように二人とも祈ってやみません。

日本国民は、憲法第25条で、「すべて国民は、健康で文化的な最低限度の生活を営む権利を有する」と保障されています。

ところが、居住地以外で生活保護を申請しても、〝交通費だけが支給されてたらい回し〟が行

●東尋坊の松林付近をパトロール中の茂さん

われ、隣の地方自治体まで追っ払われていたのです。

この二人は、三国町（現在・坂井市）の福祉担当者にも相談しましたが、「死ぬならどうぞ」と冷たく突き放されたそうです。

隣接する石川県の金沢市役所や小矢部市、富山市、魚津市、直江津市（現、上越市）、柏崎市でも、500円前後の交通費を支給されただけでした。

二人は三日間、野宿を続けたというのです。

手紙に、「長岡が最終の地と決断」とあったため、胸騒ぎがしたので長岡市役所の福祉担当者に電話をかけました。

——私あてに遺書が届いたので電話をかけました。男女二人連れが、おたくを訪ねて行ったと思うんやけれど。

「……（無言）」

まったく返事がなかったため声を荒らげて
——どないしたんやッ!?

「……実は、今朝、うちの役所の近くの神社で、首を吊っているのが発見されました」

私は、人の命が、国や地方自治体の予算と天秤にかけられている現実を目の当たりにしてしまったのです。

当時、東尋坊での自殺者や未遂者は増加傾向にあり、警察で保護されても対応する警官は若手が多く、中高年をアドバイスするのは不可能に近かったのです。

そこで私は、自費で新聞広告を出して自殺を思い止まったり、自殺願望を克服した人から作文を募集し、団体名を「心に響く文集・編集局」と名づけて自費出版したのです。これが、私たちのNPO法人の団体名となり、活動母体の誕生となったのです。

また、東尋坊で自殺を防ぐために会員を募集し、岩場をパトロールして声を掛けて歩くのですが、これが〝東尋坊のちょっと待ておじさん〟の誕生でした。


ある日、パトロールをしていると、中年の男性が岩場でコップ酒をあおりながらシクシク泣いており、酒で勢いをつけ、まさに岩場から飛び込む寸前の人を見つけました。

——何しに来たん？　私は悩み事はすべて解決できるよ。

しばらくして、男性は声を荒らげて
「……おれがこれだけ悩んできたのに、誰が解決できるんや!?」

——ワシは200人以上も助けてきた。一度、ワシに話しをしてみいや。その後に飛び込んでも遅くないだろ！　名前や住所を言うのが嫌だったら言わなくても良いよ！

その男性は、建設関係の仕事をしていたが、腰を悪くして働けなくなり、収入もなくなり、酒に浸るようになったそうです。すると妻は、夫を殴る蹴るの逆ＤＶ状態になり、夫の体はアザだらけだったのです。離婚にも同意してもらえず、生命保険をかけられて、「死んでこい」と家を追い出されたと言うのです。

この男性が住む中国地方にある彼の自宅へ一緒に行き、マンションを売って引っ越す直前の妻と面接して、

「あんたは、旦那さんに『死んで帰って来い』と言ったんやって？　自殺関与罪というのがあるのを知ってるか？

ワシは元警察官や。ＤＶ法もあるし、生命保険詐欺にも該当する可能性がある。どうする？」と言って、六法全書を提示して刑法第２０２条「自殺関与罪」について説明したところ、〝鬼嫁〟は、あっさりと離婚を承諾しました。この男性は、元気に社会復帰しています。

また、別の日の夕方、岩場で若い女性が生後４ヶ月の男の赤ちゃんを抱えてボンヤリと座って

いました。

――何があったのですか?

彼女は泣きながら少しずつ話し始めました。結婚して7年間子供が授らなかった33歳の主婦でした。

「この子が産まれるまでOLとして働いていましたが、社内の男性と不倫関係に陥り、この子ができてしまったのです。そのことが主人にもバレてしまいましたが、主人は許してくれました。しかし、良心の呵責からどうしても主人に申し訳なく、この子を道連れに今から海に飛び込むところでした……」

彼女は以降、何回となく私たちの元へ、子どもを連れて遊びに来てくれており、漸く生き続けていく希望が見えてきたみたいです。

「死んだらあかん」と言うからには、その言葉に責任を持つべきだと私は思っています。

遭遇した人たちの悩み事を解決するため、時には親になり、時には代弁役・付添い人になって関係先を訪問して問題解決に向けたサポートをしないとダメだと思っています。

私たちは、問題を先送りしたら同じ出来事が何回も繰り返されてしまうとの考えのもとに、悩み事を解決して元の元気を取り戻してもらうための人命救助に取り組んでいます。

なお本書は、イギリスで生まれた約200種類のスキンケア製品、ヘアケア製品、ソープ、入浴料などの手作り化粧品でおなじみの世界40ヶ国、日本国内でも134店舗を直営、商品開発と製造販売をしている株式会社ラッシュジャパンの助成金を頂いて書いたものであり、今後の自殺防止対策に何等かの役に立つことを願って出版しました。

2010年3月吉日

茂　幸雄

第1章

東尋坊の水際の現場から

●東尋坊の岸壁と突き出た岩場

2004年4月から、福井県・東尋坊の自殺多発場所で自殺防止活動に取り組んでいると、全国の大勢の方から次のような悩み事の相談が持ち込まれてきます。

●死にたいのです。私の悩み事を聞いて下さい！
●私は、今後どうしたらよいのか教えて下さい！
●皆さんはどの様にして自分の悩み事を解決したのか、その体験者を紹介して下さい！
●私の逃げ場を教えて下さい！
●自殺多発場所を転々と回って歩きました。しかし、何処へ行っても「死ぬならどうぞ！」といった場所になっており、引き込まれそうでした！

これらの訴えを聞いていて、昨年（2009年1月）私は一つの決心をしました。

それは、医療現場で自殺の現場を多く見てきた共立女子短期大学看護学科の福山なおみ教授と、長年社会福祉事業に取組んできたコムケアセンターの事務局長である佐藤修さんを思い出し、この方たちに相談すれば何とかして力を貸してもらえるとの思いから相談を持ちかけたのです。

この両者の外に、福井県立大学看護福祉学部教授真野元四郎さんなどがいますが、今までの私たちの活動に対して、皆さんは良き理解者であり、良きアドバイザーとして陰日なたとなって教

えを頂いた方たちです。

福山教授にあっては、自殺防止に関する実践研究者として数多くの学会で体験発表をされておられる方であり自殺防止に関しては日本での第一人者であります。また佐藤さんは社会福祉学の研究者で、日本で福祉に携わっている多方面の実践者とのキーマンになっておられる方です。

そこで、この両者に提案したのが、「自殺の多発場所対策」「体験者と語る会の創設」「シェルターの創設」でした。

折しも、時期を同じくしてゴールドマン・サックス証券株式会社のコーポレート・エンゲージメント・グループ担当の平尾佳淑さん、吉田亜砂子さんたちからも助成金の話が持ち込まれ、とんとん拍子にこの対策に取組むこととなり、「自殺のない社会づくりネットワーク・ささえあい」を東京・湯島に事務局を設置して全国を視野に入れた活動が始動し、この活動を記録して広く全国の人に知ってもらうために株式会社ラッシュジャパンから本を出版するための助成を頂くことになりました。


この活動に取り組んでいると、常に次の疑問点が湧いてきます。

1　何故、自殺したらアカンの?

2　もし救助する必要の無い人がいるとしたら、ランク付けするとどうなりますか？

3　死んだらどうなりますか？

4　社会的・構造的に追い詰められている死とは、現状では何を指していますか？

5　自殺防止対策をすべき責任者は、現場の責任者は誰ですか？

6　「自助・共助・公助」のバランスが必要であり、何処の部所が低調だと思いますか？

7　自殺に関する統計資料なくして適切な自殺防止対策はできません。

警察庁は、全ての自殺についての実態を把握しています。刑法第230条の2で「公益を図る目的での公表」は許されています。公益目的なのに、何故積極的に公表してこなかったのですか？　今後は全ての資料を公開してほしいと思います。

8　施設の管理者には安全配慮義務があります。

自殺対策基本法でも各セクションの義務が明示されています。

これらの義務を怠たり、死に至らしめている場合は当然に損害賠償責任が負わされます。

ここで法曹界が立ち上がり、この法的義務違反者の不作為行為に対する責任の有無に関する啓発活動を展開すれば、たちどころに対策が進むはずなのに何故しないのですか？

9　自殺多発現場から

●「人命救助」であるとの認識が欠けているため、自殺防止対策が遅れていると思われます。
●交通事故や犯罪の多発場所での対策は即座に行われます。
何故、自殺多発場所の対策だけが放置されてしまうのですか？
●自殺多発場所対策が敬遠される理由は？
●自殺企図者は全国の自殺多発場所を回遊（見て廻って）しています。
何故、各府県にある自殺多発場所の水際にサポートセンターを設置しないのですか？
●何故、自殺企図者が全国から集まって来たらいけないのですか？
●自殺企図者の、一人の悩み事の解決策が確定すれば、同じ悩み事を持って苦しんでいる多くの人の命を救うことができます。
何故、個々の悩み事に注目した対策を講じようとしないのですか？

10　その他

これらの疑問を持ちながら、東尋坊の水際で自殺を防止するための〝人命救助〟作戦に携わっており、今日現在（2010年3月）までに241人の自殺企図者から自分の苦しみについて話を聞いてきました。

自死遺族の苦しみからの脱出

福本さくら（仮名）

東尋坊で茂さんと一緒に日々活動をしている福本さくらといいます。東尋坊で自殺防止活動しているとと必ず聞かれる事があります。

どうしてこの活動に参加したのですか？

こう聞かれたとき、活動当初は曖昧に言葉を濁していましたが、活動を続けながら、何故、両親の生きた証を恥じなければならないの？

私は、一生懸命生きて来たのに何故言えないの？

との自分の心の葛藤がありました。

この活動をはじめるまでの50年間、自分の両親が「自殺で亡くなりました」とは言えませんでした。この活動に携わっていなければ一生涯、誰にも言わずに墓場まで持って行くつもりだったのです。

●打ち合わせ中の茂さんとスタッフ

●活動拠点の茶屋「心に響くおろしもち」店では名物おろしもちを販売している

私は九州の片田舎に生まれました。父はサラリーマンで母は専業主婦。私は、3人兄姉の末っ子として母の後ばかり追いかける泣き虫の幼少時代を過ごしました。

父は母に暴力を振るう短気で頑固な人間でした。母は、いつも泣いてばかりの生活で、私は子供心に父が嫌いでした。母は父の暴力に耐え、私は父の顔色を見て育ちました。

そんな中、私が中学2年生の時でした。明日テストがあるというのにテレビに夢中になっていた私に、父はいつになく罵声を浴びせ暴力を振るおうとしたのです。私はとっさに父に向かって、「父さんなんか、死んでしまえ」と言って自分の部屋に閉じこもったのです。

翌朝、父の姿がありませんでした。

私は何か虫の知らせを感じ、父を捜しまわりましたが姿がありません。家の周りや田畑、墓場まで捜しましたが父の姿は見当たりませんでした。

そして、家に戻り、もう1度家の中を捜したところ、家の横の納屋の中にあったリヤカーの持ち手部分に自分の寝巻の帯をかけて首を吊っている父の姿がありました。

私の生まれ育った小さな町にも土地の区画整理の話がありました。土地が父の名義になっていない事に父は悩んでおり、「死にたい」「死にたい」と日頃から口走っていたのです。

私は、父の死について責任を感じて生きて来ました。子供であったため、父の悩みは何だったのか今でも判りませんが、父の死の直前に私と口論したのは事実であり、父の死への引き金になったのは確かだと思っています。

当時、私は母に、「もう父さんの暴力に怯える事なくなったよね！」と言った記憶があります。しかし、毎日の様に仏壇の前に座り、「父さん、ごめんね、判ってあげられず」と言って泣いてばかりいる母の姿があったのです。

母は父の親戚から「兄さんを死に追いやった、せいせいしたでしょ…」と嫌味を言われ、責められたことからうつ状態になり、近所の人が悪口を言っているとか言って6キロもある母の実家へ裸足で歩いて行く事もありました。私は母の話に耳を傾けながらも辛くて、耳を塞ぐ事もありました。

その母が父の死から9か月後、服毒自殺してしまったのです。

母が亡くなる朝、学校へ行く私の姿が見えなくなるまで見送ってくれた母がおり、いつもと違うなと思いつつ帰宅すると、そこには変わり果てた母の姿があったのです。散乱した薬や空になったびんの横で母が横たわっていました。私は、懸命に母の体を揺さぶり、泣き叫んでいました。

私は、両親の死の第一発見者になっていたのです。中学2年の私には、むご過ぎる体験でした。

父が死に、母が死に、私は親戚の家を転々とし、口さがない噂がどんどん広がり、居たたまれず、中学卒業と同時に故郷を捨てました。

近畿地方で就職し、定時制高校に通いながらの寮生活が始まりました。寮生活で1番辛かったのは、寮の仲間に届いた田舎からの荷物や送って来た物産品を分けてもらうたびに、両親が恋しくなり、同時に憎みもしました。

23歳の時に福井県出身の男性と知り合い、縁あって結婚し3人の子供を授かりました。子供を出産した時、これほど母を恋しく思った事はありませんでした。病棟の隣の部屋で、親子の笑い声や親が赤ん坊の世話をしている姿を見せつけられたとき、私は1人で布団をかぶって泣きました。

今、私は孫にも恵まれました。この孫達には、私の両親が出来なかった愛情をいっぱい注ぎたいと思っています。

両親の相次ぐ自殺から42年経過しましたが、私にとっては一生忘れる事の出来ない私の人生を狂わす大きな出来事であったことに変わりはありません。しかし、東尋坊で自殺防止活動に携わって5年10か月が経過して、はじめて両親の死に真正面から向き合うことができる様になりました。両親の自殺も、個人的な問題としてだけではなく、社会的な問題でもあった事も判りました。

今は、少しだけ両親を許せる気持ちにもなりました。

故郷を捨てた私が、一昨年鹿児島県で講演があった際、42年ぶりに実家に帰りました。家の周りや街並みもすっかり変わっていました。もう2度と故郷へは帰らないと誓っていた私でしたが、両親の墓前で42年間の思いが胸に込み上げて、泣きながら両親に話しかけていました。

実家の近所の人から「あんたの父ちゃんも母ちゃんも真面目過ぎたんや、よか人やったよ」と言われました。

あの時、母を助けてほしかった。噂を流してほしくなかった。

仲の良かった母の友達までが父の死を機に母から遠ざかりました。

私自身、なぜ母に優しく出来なかったのか、何故父を責め「死んでしまえ」とまで言ってしまったのかと今でも後悔しています。

今、東尋坊で自殺企図者と遭遇すると、「残されたものは、自責の念と後悔でいっぱいになり一生苦しむのですよ。貴方には生き続ける義務があるのですよ！」と、声を掛けています。

今日現在、私自身、辛い事が2つあります。

1つ目は、両親の自殺現場が時々夢に出て来てうなされる事があります。

もう1つは、私には両親の血が流れているため、困難にぶつかった時に自分も自殺するかもしれないとの恐怖感に襲われる時があり、こんな血統は私で断ち切らなければならないとの思いが交錯しています。

私は、茂さんをはじめとして今まで沢山の人と出会い、沢山の人に支えられて今日まで生きて来ました。そして、同じ気持ちになった仲間が大勢できたため、しんどい時に悩みを聞いてくれ、嬉しい時には一緒に笑ってもらえる人に囲まれ、何時でも大声を出して泣くことも出来るようになりました。

今は、両親の自殺について恥じらいなく話すことも出来るようになり、自死遺族としての苦しみから脱出できたように思います。

■■2010年１月、２月の自殺企画者との遭遇状況■■

	1/9(土)　F県内在住　48歳　男性
事案の概要	午前11時ころの寒風の中、岩場に佇んでいたため声掛けをし、相談所で話を聞いたところ、「一昨年11月ころにリストラに遭い、以降派遣社員や市の臨時職員として働いていたが昨年10月ころから職にも就けず、貯金も使い果たして３万円のアパート代も滞り、着のみ着のままでここ３日間食事にもありつけずに、自殺を考えて15時間かけて普通列車で東尋坊に辿り着いた。」旨の自殺企図者であった。
措置	・一時避難所で生活費を提供して再起に向けて活動中。 ・両親が亡くなり、身寄りもないため、滞った家賃の免除を大家に依頼した。 ・1/25　県立病院で肺炎の治療を受けさせた。 ・1/26　元のアパートの整理をするためにＩ市に行かす。
	1/11(月)　N県出身　26歳　女性
事案の概要	午後１時30分ころ、東尋坊を巡回中、「風俗店で働いていたが職場を追い出され、無銭状態で自殺を考えＪＲあわら温泉駅に辿り着いたがもう動けない、助けて欲しい」旨の電話を受理したため、急派して相談所で話を聞いたところ自殺企図者である事が判明したため保護した。
措置	・家族に連絡するも断絶状態で支援が得られず、一時避難所で生活費を提供して再起に向けて活動中。 ・1/16　S県の元アパートへ同伴し、部屋の引払いなどの支援を行う。

	1/15(金)　F県内在住　41歳　男性
事案の概要	午後２時ころに突然相談所を訪れ「車椅子生活で貧困のため車上生活を続けているが、ガソリン代もなくなり折からの寒さから凍え死にそうだ、市の生活保護を申請中だが難航している」旨の自殺志願者であった。
措置	・生活保護を依頼。 ・週末３日間の宿泊を支援。 ・今後のアパートを斡旋し1/25から生保の支援を得る。
	1/22(金)　O府内在住　31歳　男性
事案の概要	午後３時30分ころ、「自殺するために東尋坊の岩場に立ったが、海が荒れ狂っていたため怖くなって飛び込めず、途方に暮れながら私鉄三国駅まで戻ってきたが行き先が無く、どうする事も出来ないので助けて欲しい」旨の電話を受け相談所で話を聞いたところ、「インターネットで通信販売をしている。仲間とトラブルが起こり１週間前に家出してきた」旨の自殺企図者であった。
措置	・通信販売の仲間に連絡を取ったところ「家出人届の手続き中であった」との事で、本人と電話で会話させて午後７：30ＪＲ福井駅から帰宅させた。 ・ＰＭ11：30ころ、帰宅を確認した。
	1/25(月)　F県内在住　31歳　女性
事案の概要	午前10時40分ころの寒風の中、岩場最先端に座り込んで顔を埋めて泣いていたため声かけをし、相談所で話を聞いたところ、「10年ほど前に兄が東尋坊で自殺したため献花と線香・煙草を捧げた。昨年11月ころから社内でパワハラに遭っており、行き詰って天国の兄の所へ行くつもりであった」旨の自殺企図者であった。
措置	・午後３時ころまでカウンセリングを行い、元気を取り戻したため再起・再訪問を約束させて帰宅させた。

	2/4(木)　Y県内在住　33歳　男性
事案の概要	2/3　午後8時30分ころ、本人から電話で、「自殺するため岸壁に立ったが足元が暗く、荒波の音が怖くて飛び込めなかった。警察へ行くのは嫌だ、明日まで待つので助けて欲しい」旨の通報を受けたため、本日降雪であった午前10時30分ころに接触し相談所で話を聞いたところ、「精神科の看護師として働いており、適応障害になったため半年間休職して職場に復帰した。しかし職場内でのパワハラが続いており、辛くなって東尋坊にきた」旨の所持金ゼロの自殺企図者であった。
措置	・家族に連絡し保護を依頼されたため福井市内のスーパー泉湯で深夜までカウンセリングをして一泊させ、電車賃を提供して翌朝帰宅させた。 ・家族の依頼も受け、職場の看護部長にも通報して爾後の適正な対応を検討した。

	2/4(木)　I県内在住　67歳　男性
事案の概要	2/2　午後9時ころ、あわら温泉O旅館の女将から、「本日午後5時ころに投宿した客が外出して午後9時ころにずぶ濡れになって帰り部屋に閉じ篭りきりであった。 心配になり粘り強く慰めながら話を聞いたところ、東尋坊での自殺を考えて来て岸壁に立ったが荒波の音で怖くなり飛び込めなかった。東尋坊で自殺防止活動をしているおじさんに連絡して欲しいと言っています」旨の電話通報を受けたため、本日午前11時ころ本人と面接したところ、「癌の余命宣告を受けており、闘病生活が続くと家族に迷惑がかかるので元気なうちに遠出して自殺するつもりであった」旨の自殺企図者であった。
措置	・旅館の女将と連携を密にし、家族に連絡して引き取らせ、帰省した。

	2/4(木)　N県内在住　36歳　男性
事案の概要	午後５時30分ころの薄暮時、降雪で人影のない駐車場で駐車中の車内で、一人ぐったりして寝ていたため、声かけをして相談所で話を聞いたところ、「派遣切れにあい、地元で就活しても職に就けず、約１年間痴呆で介護が必要な祖母の面倒をみているのに、別居している長男から追い出しを受ける嫌がらせが続いており、“仕事をしないお前なんか死んでしまえ”の悪口雑言まで言われるようになり精神状態もおかしくなっている。亡母の所に行きたくなり、昨日青木ヶ原樹海へ行ったが一気に死ねる場所ではないことが分かり、東尋坊は死体も上がらない自殺の名所だと聞いていたため、今夜暗くなってから飛び込むつもりだった」旨の自殺企図者であった。
措置	・福井市内のスーパー泉湯で深夜までカウンセリングをして一泊させ、長男との仲直りのお手伝いをする事を約束して自力で帰省させた。
	2/9(火)　F県内在住　33歳　女性
事案の概要	午後５時30分ころの薄暮時、千畳敷の岩場に隠れ、生後４ヶ月の男子乳飲み子を抱えてうたた寝をしていたため声かけをして相談所で話を聞いたところ、「結婚して７年になる夫との間には子供が授からず、ＯＬとして働いていた時、同僚と不倫関係になりこの子が授かり、この事が主人にバレたが、主人は許してくれている。不倫相手が結婚してしまい冷たくなったことから、女心と、自分の呵責の念で、日没を待って子供を道連れに入水心中をするところであった」旨の親子心中を考えた自殺企図者であった。
措置	・約３時間のカウンセリングにより生きていく勇気が湧いたと言って、再度の来訪を約束し自家用車で帰って行った。 ・その後、2/16　2/22にも来訪し、元気な顔を見せに来てくれている。

	2/21(日)　O府内在住　43歳　女性
事案の概要	午後1時30分ころ、ベンチに座り重そうな手提げバッグを置き長時間佇んでいたため声かけをして相談所で話を聞いたところ、「10年前にうつ病となって離婚し、小6・中3年の男子を抱える母子家庭でパートとして働いているが、子供の非行、生活苦から将来が見えなくなり、2日前に睡眠薬自殺未遂で助けられ、今日はボストンバッグに石を入れ、石を抱えて飛び込むつもりであった」旨の自殺企図者であった。
措置	・カウンセリングをして再起を約束させた。 ・O府に住む友人に連絡して迎えに来て貰い、PM4：25発の電車で帰るためあわら温泉駅まで送り、帰省させた。
	2/25(木)　K県内在住　67歳　男性
事案の概要	午後3時50分ころ、気力なく、ふらふらと相談所を訪問してきたため話を聞いたところ、「20年前に離婚し、息子夫婦と同居してタクシー運転手として働いていたが息子と不仲となり、2年前に友人と同居。このまま生き続けている意味がなくなり、一昨日は入水自殺未遂、昨夜は縊死未遂で、本日東尋坊で飛び降り自殺を考えて来たが怖くて死ねなかった…」旨の、自殺企図者であった。
措置	・約3時間のカウンセリングを実施。 ・福井から再出発を希望したためスーパー泉湯で一泊させ、緊急避難所から再出発を図る。

※　活動開始から自殺企図者との遭遇累計　241人

第2章

東尋坊で巡りあった人たち

……この苦しみを乗り越えて

●パトロール中。岩場をのぞき込む

1 多重債務からの脱出

北陸地方に住むT氏、男性、35歳、会社員

片田舎の次男坊として生まれ、約12年間会社員として真面目に働いていましたが、7年前に見合いをして養子に入ったものの、パチンコへ通うギャンブル狂となり、給料も家に入れない状態から姑はヒステリーを起こし、段々と夫婦仲も悪くなり、3年間の夫婦生活にピリオドをうち、子供が出来なかったのを幸いに、追い出される形で離婚となりました。

養子に入ったときに持ち込んだ家財道具全部引き下げ、実家には兄夫婦がいるため戻れず、雇用促進住宅で独り暮らしがはじまって4年が経ちました。

生来、おとなしく気の弱い性格。酒も飲めず、女友達も出来ないことから、友人の誘いを断る事もできないまま、給料約25万円の中から、独身の身の寂しさを癒すため、風俗店通いとパチンコ三昧の荒れ狂った生活となっていました。気がついた時には5社のサラ金会社からの350万円の借金に膨れ上がっており、借金地獄に落ち込んでいたのです。

離婚時に、サラ金から借り入れていた200万円の借金は母親と兄の協力を得て精算しましたが、その時の借金の一部は残っていたことから、その後の返済計画もままならず、一攫千金を夢見て株式にまで手を出してしまい、再び借金が膨れ上がってしまったのです。

だんだんと取り立ても厳しくなり、サラ金から勤務先の会社に電話による催促まで入るようになり、母親を無断で連帯保証人に仕立て上げたことから、〝今度は母親にも催促するぞ〟との脅し文句が続いており、再び兄らに知られることとなり、兄に〝母親の遺産相続を放棄するから、お金を貸してくれないか〟と懇願したものの、〝死んで精算しろ！〟ときっぱり断られ、その日の食事にも事を欠いた挙句に困り果てて、実家の米を盗んできては食事をする日々が約3ヶ月続いたのです。

山間僻地の片田舎、隣近所の事が気になる口うるさい環境であったため、養子に行った時の安箪笥の売却を考えて業者に見積もりはしてもらったものの生活費の足しにもならず、最後の手段として友達からも借金し、会社の会計さんにも内緒で給料の前借りをしてその日暮らしをしていたのですが、通勤用のガソリン代もままならなくなり、八方塞りの状態から将来が見えなくなって東尋坊の岩場に立ってしまったのです。

本人は、自己破産制度についてはある程度知っていましたが、無断で連帯保証人に仕立てた母親の年金までが差し押さえられると今度は親子の縁も切られるのではとの恐怖感がつのったのです。ふる里を捨て、県外で独り生活をする勇気もなく、県外でホームレスになって生活する勇気もないところから、東尋坊を訪れ、誰か自分を助けてくれるのではとの思いで岩場に立っていたと述懐していました。

私たちは岩場に佇んでいる彼を見付け、これまでの話を聞いて借金を清算すれば再起が可能だと判断し、更に、このまま放置しておくと今度は本当に死ぬかも知れないと考えたことから、本人の承諾を得て母親と兄に彼の窮状を説明して再度の支援をお願いしたのですが、

自分達の生活も精一杯だ。

これ以上弟の支援は出来ない。

ホームレスになろうが自殺しようが本人の勝手にさせてやってくれ。

もう私達の知ったことでは無い。

ときっぱり断られてしまったのです。

これで彼は孤立無援の状態に置かれてしまいました。

――そこで、福井法テラスにお願いしてN法律事務所を紹介してもらい、これまでの借金を精

査。即時取立ての中止と、以降100万円だけを分割で支払うとの仲裁をしてもらい、母親や兄には何の負担もかけずに難なく差し押さえなどの強硬手段も凌ぐことができました。

　現在、過去の行いを深く反省し、以前と変わらず元の会社で働いており、2009年夏に我が法人「心に響く文集・編集局」が主催した自殺未遂者との「語る会」にも参加し、多くの仲間も出来、母親も彼のアパートに出入りする様になって、無事この借金地獄から脱出することができました。

2 パワー・ハラスメントからの脱出

北陸地方に住むK氏、26歳、男性、公務員

公務員になって8年が経過、最初の6年間は上司にも恵まれ、順風満帆に職務をこなすことができていました。これまでの職務実績が認められ、2年前の人事異動で新たな企画を住民の方にお願いする渉外担当の業務に配置換えになったのです。

そこには、50歳代の課長の下に本人を含めた20歳代の職員が2人おり、総勢12人の、部外者の出入りの多い職場でした。

こんな年齢構成であるため、どうしても若手職員である本人は下働きをさせられることが多く、課長から直接指示が飛んでくる事が度々で、自分の本業以外に課長からの特別指示までこなさなければならない多忙な職場だったのです。

課長は敏腕課長と呼ばれており、その上司でさえも何も言えない存在の人で、別名「瞬間湯沸かし器」とまで言われる直ぐ大声を出す口の悪い人で、一般人がいる前であってもヒステリック

に大声を出して指示する嫌なヤツでした。

　こんな嫌なヤツですから他の職場にも知れ渡っており、そこへの異動が決まったときには同僚たちから同情の目で送り出されたのです。

　この職場に就いた初日の課長のあいさつは「俺についてこれないヤツは、直ぐ辞表を出せ！」というもので、その言葉だけが強く彼の脳裏に残りました。

　この課長の職場での態度は、昼休み時間や仕事の合間には決まって他の職場の係長クラスの人2、3人が応接用のソファーに座り込み、ニヤニヤしながらこそこそ話をしており、5時の退庁時間になると我先にと帰っていきます。

　仕事に対する指示は厳しく、一つの小さなミスでも見付けだしては課長席の前に直立不動で立たされ、子供に物を言っている口調で延々と指示するのです。その態度は、脇から見ていると指示をして楽しんでいるといった感じであり、相手が何度〝判りました〟と言っても、同じことを何度も何度も言い、人に恥をかかすことなんかは平気です。こんな職場ですから皆が萎縮してしまい、課長からの罵声が飛んでくるのをかわすためにただ黙々と働き、冗談も言えない雰囲気の暗い職場でした。

　新任である彼に対する指示は、最初は訪問者に対する態度について注意されることが多く、声

●東尋坊の電話BOXには、相談案内とともに、いつもコインが…

が小さいとか、だらだらと何時間かかっているんだ！　とか、要領よく話を聞け！　などと怒鳴られることが多く、事情聴取をした結果を報告しても、話の内容もろくに聞かず、何度も言い直しをさせられました。そして報告に対する回答を求めても何も答えられず、その挙句にはお前が考えてチャンとしておけと言うだけで、ただ大声を出して指導・育成の名目で彼を罵るだけでした。

前任者である2人の職員がうつ病に罹り、職場を去って行ったとの噂もありました。

こんな毎日であったため、自分の仕事は訪問者がいなくなった閉庁時間後となり、いつも午後10時ごろに帰宅する日々が半年間続いたのです。

本人は、このポストに就いて1ヶ月間が経過したころから出勤するのが恐ろしくなり、以降、課長から名前を呼ばれるだけで冷や汗が出るようになり、体が硬直するようになりました。

そんなことから寝不足も続き、ミスが多くなった半年後のある日、月報の締め切りが迫ったとき、〝お前はこの職場には適さん！　お前は用務員以下の人間だ〟と言われてしまい、目の前が真っ暗になって体の震えが止まらず、病院に担ぎ込まれてしまったのです。そして、2日間の入院休暇をとった最中に東尋坊の岩場に立っていたのです。

この話を聞いた私は、これこそがパワー・ハラスメント（職場の上下関係を不当に利用して行う嫌がらせやいじめ）の典型的な被害者（名誉毀損・侮辱・傷害・労災など）だと考えたことから、この実態を証拠化するため、嫌がる彼を説得してボイスレコーダーを持たせて出勤させ、午前中にあった同僚たちとの会話を録音させ、監察室を訪問して改善をお願いしたのです。

監察室では、この事態を重くみて真剣に取り上げていただくこととなり、課長には従前から精神障害があるとのことで以降休職扱いとなり、彼には、裏で私たちの働きかけがあったことも知らされずに無事職場に復帰させることができました。

3 生活苦からの脱出

近畿地方に住む62歳、男性、元大手下請け会社のエンジニア

彼には、80歳になる母親と60歳に近い妻がおり、子供は大学院に就学中の男子1人がいる家庭でした。

50歳になった時、借地に頭金1000万円で2500万円の家を建て、残りの1500万円を退職金と30年ローンを組む順風満帆の生活を送っていたのです。

しかしそんな生活も5年しか続かず、大不況の煽りを受けて退職金100万円という涙金を渡されただけでリストラに遭い、再就職としてハローワークの紹介で派遣会社で働くようになり、職を転々としながら給料も15万円を割る手取りになってしまったのです。

妻は、病身の母親の看病をしながら店員のパートとして1ヶ月6万円位で働き、母親の年金を含めても1ヶ月25万円少々の収入にしかなりません。その中から子供への仕送りと家のローン返済を続けるその日暮らしの生活になりました。

さらに、前年からは派遣会社の仕事もなくなり、ハローワークへ行って職探しをしても60歳を越えた高齢者には週2回の清掃の仕事しかなく、家でブラブラしている夫の姿を見て、妻は豹変し、毎日、働きに行きなさいと言われる日々が約半年間続いたのです。

こんな状態では家を売って家賃の安い市営住宅住まいをするしかないだろうと、毎日不動産通いをしていましたが買い手も付きません。

資産も預金も無くなり人生計画が破綻したものの、どうしても家だけは自分の物にしておき高齢の母親は自分の家から葬式を出したい。また、妻・子の生活の場として家だけは確保してやりたいとの想いが膨らみ、生命保険の特約に「契約主が死亡した場合は残金を支払わなくても良い」とあった1行が頭をよぎったのです。何の特技もなく将来の夢も無くなった今、母親の最期を見届けることはできないが、母に対する親孝行と、家長としての家族に対する愛情の表現は自殺をして家を残すしかないとの結論に達し、東尋坊の岩場にビニール袋の中にロープを隠し持って立っていたのです。

自分の人生だから、他人様に文句を言われる筋合いはない！

どうせ一度は死ぬのだから、家族のために命を捧げる父親の宿命としてこの世を去る！

と、「お家のため」の大義名分を心に刻み、「切腹＝自殺」を決意したのです。

こんな気持ちになったのは、子どものころに何度も見た「忠臣蔵」や「太平洋戦争時の特攻隊の姿」の映画の感動が体に沁みこんだ人生観の持ち主であり、「男の引き際」「有終の美」を常に考えているプライドの高い、頑固な日本男児としての精神の持ち主だったからでもあります。

「お家のために…」「主君のために…」「お国のために…」

このいさぎよい死に方が、手本として本人の心に刻み込まれていたのです。

ビニール袋の中に入れて用意したロープは、東尋坊での見巡りが厳しくて想いを遂げることが出来ない時には、山中に入って首を吊って死ぬ覚悟であり、自家用車で訪れた理由は、早く自分の死体を見付けてもらい、家のローン解消手続きをしてもらうためだったのです。

この人は、五体満足で、元気な頑固親父といった感じの方でしたが、岩場で声をかけて呼び止めると、顔が硬直し、涙目となり、質問に対する答えはぎこちなく、一刻も早くこの場を去ろうとしていたため、粘り強く食い下がったところ観念し、私たちの活動拠点である「心に響くおろしもち店」まで同行してくれました。

主君が死に、城を残しても家臣は誰一人喜ばないよ！

の説得から、

●国定公園東尋坊の勇壮な海岸線をめざして全国から観光客が訪れる

「まだ死にたくない！」

「出来るものならもう一度人生をやり直したい！」

「家族にあやまりたい！」

との心の叫び声を察知したため、急遽彼を連れて家庭を訪問し、東尋坊での出来事を母親や妻に説明したのです。

今まで、お父さんを責めてごめんなさい！

これからはお父さんに防波堤になってもらい、世間の冷たい風雨を共に凌ぎ、お父さんと共に生きていかせて！

旦那の居ないこんな家なんか砂上の楼閣や！

と、大粒の涙を出して訴えた妻の心が本人の心に沁みたのか、全員がその場で泣き崩れ、再起を約束したのです。

以後、家を売却して市営住宅住まいとなり、家族全員が〝貧しくても楽しい我が家〟として暮らす、明るい家庭がそこに甦りました。

4 家庭崩壊からの脱出

東海地方に住む37歳・男性・無職

この家族は、両親と嫁いで行った妹の4人家族であり、父親は名誉市民として地域では知れわたっている方で、現在嘱託の団体職員として働いている年金受給者です。母親はコンビニの店員として短時間パートをして働いています。

本人は、幼少のころ神童と呼ばれるほどの頭脳の持ち主であり、中学入学時には高校レベルの英語が話せるほど堪能でしたが、チック症を患い、自己嫌悪に陥り高校卒業と同時にカナダへ2年間単身留学し、実用英検1級からTOEICまですすんだのです。

日本に帰国後、県の英語通訳者にも登録され、いろいろな場面で活躍していましたが、自己過信から独善的な性格となり、皆さんからひんしゅくを買うことが多く、段々と仲間や仕事も減ってしまいました。しかし過去の栄光が忘れられず、英字新聞と外国映画のTVの世界に入り込んでしまったのです。両親との断絶もここ10年以上続き、チック症状が日増しに強まり、人との会話もままならない状態になっていったのです。

こんな状態で仕事にも就けず、独り身の寂しさを癒すために多くの旧友を誘っては飲食に明け暮れ、その経費も全部本人の付けにして家族に回し、全てが両親の負担となっていきました。

両親としては、この不甲斐ない息子を何とか一人前の社会人にしたいとの思いから米国への渡航も6回に及んでおり、パイロットの免許まで取得させたものの職には就けず、その経費として数千万円を使い果たし、退職金も底をついてしまい、今ではその日暮らしを強いられる結果になっていたのです。

父親は、息子の不甲斐なさから飲酒のうえで文句を言う日々が続いていました。本人は、〝俺も一生懸命頑張っているのに誰も雇ってくれない。どうしたら良いんだ！〟と開き直る始末で、飲酒しての父親に対する暴力沙汰が続き、肋骨2本を折るなどの傷害を与えてしまい、警察沙汰も数回に及びました。こんな状態でしたから、公務員である妹の職場の人にも知れることとなり、恥ずかしいから仕事を辞めたいとまで言いだし、本人の存在は家庭内の台風の目になっていたのです。

こんな家庭であったことから、母親もまた数回家出をした事がありました。そんなある日、飲酒のうえ父親と口論となり、父と母が部屋に閉じこもって、〝お父さん、このまま子供と一緒にいたら子供に殺されるかもしれない。子供達のためにも私たちがこの家を出て行こう！　私たちがいなくなれば息子は何とか独り立ちするのでは…〟と、話をしているのを聞かれてしまったのです。

この話を聞いた本人は、その日の夜中に遺書を書き残して電車で福井県に向かい、東尋坊の岩場に立ったのです。

〝こんな俺なんか死んだほうが良いんだ…！〟

〝死んだほうが家族のためになるんだ…！〟

と泣き叫び、午前11時ころから午後4時ころまでの間、私にとうとうと自分の胸の内の苦しみを話し続けました。彼の話の核心は、本人の病気による就職難と両親による本人の苦しみに対する無理解から追い詰められている自殺企図者であり、心の根底には、〝家族がいがみ合わず、共に楽しい生活を続けたい〟との気持ちがあることが伝わってきました。

〝こんな事で死んだらアカン！　俺が家族の仲に入って、仲直りできるよう何とかしてやるから心配するな…！〟と一喝し、その足で彼の実家に赴き、両親とは別々の部屋で話し合い、結論として、

・彼の気持ちは、喧嘩のない家族生活を送ることを望んでいること。
・子離れ（頑張っていることを認め、無理強いをしない）、乳離れ（理想の両親になるよう要求しない）をしていないのが家庭内喧嘩の最たる原因である。
・父親の飲酒の喜びを取り上げないこと。
・本人の小遣い銭は、１ヶ月3万円以下で収めること。
・母親による話の中断・仲裁に対しては即座に双方が従い、話の続きをするには一呼吸（翌日に回すなど）おくこと。
・どうしても噛み合わない話題になったときは、不治の病（性格）と認識し、とことんまで追い詰めず、「程ほどに」「いい加減」なところでお互いが引き下がること。
・相手の行為により、双方の生活に悪影響が及ぶ事案が発生したときは、他人の手（当ＮＰＯに連絡するなど）を借りること。

などについて、双方で話し合って決めた内容を書面化し、手渡して別れたのですが、3ヶ月後に母親が一人で家出して私の所を頼ってきたことが1回ありましたが、以降、喧嘩もなくなり、家族3人が観光地東尋坊の岩場に笑顔で立っている姿を見る事ができました。

第3章
自殺ってなに？

●パトロール中はいつも双眼鏡を手に

◉自殺とは、「自分自身の故意の行為により自らの命を絶つことであり、その手段・方法を問わない死である」

ここで、「故意」とは何でしょうか?

結果を求めて、ある行為を行うことが定番です。しかしひょっとすると自分の行為により死ぬかも知れないと認識して行動した結果、死に至ってしまった場合も「未必の故意」として自殺になります。

また、「過失」による死についてですが、死にたくないのに誤って死に至ってしまった場合が定番です。しかし、ある危険な行為をした場合、間違って死ぬかも知れないと認識した時、自分に持ち合わせている知識や技能などを総合的に考え、この場合は死なないと信じて行った行為の結果、死を招いてしまった場合「認識ある過失」となり、自殺ではなく「事故」となります。

自然災害を想定した場合、「転倒を予想し」「転落を予想し」「崩壊を予想し」て、結果的に死んでしまった場合、「自殺」か「事故」かについて問題が生じます。

東尋坊では日々発生している「変死」、即ち自殺について、保険会社の調査員が現地調査をしに来ていますが、彼らは「事故」という言葉を極端に嫌っています。

では、「行為」とはどんなことでしょうか。

ある行為を行う場合、前述のとおり「故意ある行為」によって出た結果が死の場合、それは「自殺」であり、故意のない行為は「事故」です。

「手段と方法」についてですが、人や動物の動作を利用したり、自然現象を利用して行う手段・方法も自殺であり、秋葉原の通り魔殺人事件のように、「死刑」を希求して行った行為であるなら、死刑執行官の手を利用して犯罪を行ったのであり、やはり「自殺行為」になります。

そして、「自殺」か「事故」かにより、その後の補償問題に大きく影響します。

■最近発生した事例紹介

２００９年7月15日、東京都内で勤務する40歳の男性が勤務する会社のビル屋上で首吊り自殺を図り、警備員に発見されて日本医科大学付属病院に運ばれて緊急手術を受け、一命を取り留めました。しかし意識は戻らず回復が認められない状態となり。変わり果てた息子の姿に67歳の母親は悲嘆の日々にあけ暮れていましたが、高額の治療費として月末までに５００万円の支払いを要求されたため長男の殺害を決意し、病院内の集中治療室内で包丁を取り出し刺してしまった殺人事件が発生しました。

この事件は大きく報道されたため、多くの国民の涙を誘いました。

この事件の問題点は、健康保険法第60条【給付の制限】の「故意に事故を生せしめたるときは保険給付を為さず。」との規定です。

また、「自殺」が労災として認定されるかどうかについてですが、労働者災害補償保険法第12条の2の2【給付制限】に、

「労働者が、故意に負傷、疾病、障害若しくは死亡又はその直接の原因となった事故を生じさせたときは、政府は、保険給付をおこなわない。」

と規定されており、故意の自殺行為は適用されないのです。しかし、それが「心身喪失状態で行われた自殺」と認定されれば自殺も労災となり、その基準として労働省労働基準局補償課職業病認定対策室で判断指針が示されます。

この場合の、過労については、「心身ともに疲弊・消耗して蓄積疲労が進み、健康障害まで起こした状態」と定義付けられており、「過労自殺」についても、過労死と同様に「過労」が起因していることが重要です。

この他の罪として、刑法第202条【自殺関与及び同意殺人】の中に自殺教唆・幇助罪があり、同法第218条【保護責任者遺棄等】に「生存に必要な保護をしなかった者」による犯罪が規定

されており、保険金詐欺などがあります。
ここで自殺は、単に自分だけの問題だと考えるべきではなく、周囲の人にも大きな影響が及ぶ事を再認識して頂きたいと思います。

◉自殺は、個人的な問題であると同時に、社会的、さらには社会構造的な問題である。

自殺対策基本法　第2条【基本理念】に
自殺対策は、自殺が個人的な問題としてのみとらえられるべきものではなく、その背景に様々な社会的な要因がある…云々
とあります。
そこで、「個人的な問題」とは、自分のために、お家のために、家族のために、主君のために（忠臣蔵の例）、お国のために（特攻隊の例）、世界のために（国連軍）、地球のために（宇宙船活動）、自ら死を選ぶ事があると思われますが、その時の心情は、孤独（立）感、挫折感、疎外感、失望感、責任感、正義感、厭世感などからだと思います。

では、「社会的な問題」とは何でしょうか？　いじめ、パワハラ、生活苦、病気苦、介護疲れ、過重労働、経済問題、環境問題などであり、「社会構造的な問題」には、地域のセーフティネット不足、縦割り行政の弊害などが考えられます。

■最近発生した裁判事例紹介

２００９年2月16日、鹿児島県鹿屋市に住むファミリーレストランの35歳の支配人が長時間残業の過労で倒れ、寝たきりになったため彼と両親が、経営者を相手に損害賠償などを求めた訴訟があり、鹿児島地裁は約1億８７０万円の賠償と未払い残業代約７３０万円の支払いを命じる判決が下りました。

この判決理由で山之内紀行裁判長は、「会社が主張する管理職には当たらない」と判断した上で、倒れる前6ヶ月の時間外労働が月平均約２００時間だったと認定し、「残業代を支払わずに時間外労働をさせ、過酷な労働環境であったのにこれを見て見ぬふりをして放置した。安全配慮義務違反は明らかだ」と会社の責任を指摘しました。

この裁判は、過労労働としては過去2番目の大きな賠償金となりました。この外に、過労による高血圧の増悪が認定された労災認定など、病気が併発した事件の判決も多々あります。

また、「過労うつ」で働けなくなった方や、解雇・賃金不払い・残業代の請求についても、その解決策として労働審判制度があります。

これは民事裁判より解決が早く費用もかからないため、2009年には全国で3000件以上の審判があり、平均審理期間として3ヵ月以内の解決が7割以上を占め、通常は調停案を提示されて1回の審理で解決してしまうことが多いそうです。


◉自殺対策は、学問的な観点から見たものと具体的な現場から見たものとが一致しないとダメだと思います。


日本では2000年に、2010年までに自殺者を2万2000人までに押さえ込むとして「健康日本21」のスローガンを掲げて自殺防止に取り組みが開始されました。しかし、増加傾向が一向に止まらず、ここまできて漸くその対策に偏りがあったことを認めました。

その原因として考えられることは、「自殺＝うつ病＝精神科での治療」の構図を掲げ、メンタルヘルス対策だけに重点が置かれたからだと思います。

これは、厚生労働省だけに任せた、縦割り行政の弊害だと言わざるを得ません。

では、どうしたら良いのかについて、問題点を提示したいと思います。

死を覚悟して東尋坊の岩場に立った人たちが訴えていた言葉から見えてきた日本の社会の問題点です。

1　宗教関係者による対策の怠慢です。

宗教施設を訪問しましたが、どこの施設も受け入れてくれなかった…。


との訴えがあります。

私の知る所では、昔は各宗教施設には何人ものホームレスが共同生活をしており、その宗教の檀家さんや信者さんたちが炊き出しをしてお世話をしていたのを思い出します。

昔は、事実上の「駆け込み寺」としての役割を担っており、地域の人たちの心の拠り所になっていたと思いますが、今、やっとでそのことに気付き、各宗教団体がいろいろな対策に取り組みを開始しましたが、今後の活躍に大いに期待をしています。

2　教育関係者による対策の怠慢です。

義務教育時代、そこでいじめに合い、自閉症となって保健室通学者となって卒業しましたが、その時に人格・適応障害を患い、それがＰＴＳＤとなって大人になっても人との交際ができず、人生の落伍者になってしまった…

との訴えがあります。

では学校教育とは何でしょうか？

学力や心を育てる場所であるはずです。しかし、学力の低い人には課外授業までして学力向上に力を入れていますが、保健室通学をしている人に対しては「犯罪防止」だけに力が注がれ、卒業して社会人になった時に、団体生活ができるための人間教育はおざなりになっており、社会に放り出されていると思われます。

この人たちは、学校を卒業して社会人になっても人との交際ができず、社会の片隅に追いやられた生活を強いられているのです。

これは、担任教諭の責任ではありません。学校全体の運営を司っている校長の責任です。

保健室通学をしている人に対しては、徹底した教育が必要であり、体育系の教員がリーダーになって校外授業を取り入れた授業、例えば野外に連れ出し、スポーツをさせ、キャンプ生活を体験させるなどして、人と人とのコミュニケーションができる、社会人になっても人並みの交際が出来る人間教育をして、世に送り出す義務があると思います。

3　精神科医による対策の怠慢です。

うつ病になって精神科へ行ったが、副作用の強い薬を勧められ、カウンセリングも3分間で帰された。この病気は長期間治療が必要であり、投薬と環境調整、休養による治療が必要だと言われたが、薬しかくれずに放置されている。このまま生き続けるのが辛い…

との訴えです。

精神科では、三大治療方法として投薬、環境の調整、休養の必要性についての指導がされています。しかし現実は、お金儲けになる投薬の部分しか処方してもらえず、「環境の調整」とか「休養」については、ほとんど指導されずに放置されています。

私は、自殺防止に関する医師等による学会にも参加させてもらいましたが、その時の医師の発表の中に、

「自分の患者さんの半数近くの人が自死で亡くなっている」

と、堂々と発表された医師がいました。

産業医として、家族及びその周辺者、更には事業所に対しても適切な対処方法を記載した処方箋を提起すべきだと思います。

患者さんの「個人の秘密」を守るとして、特別な場合を除いて告知されることが禁止されています。しかし人の命が「危機に晒されている」のに、これを放置しておくことまで法律は要求していません。

医師による正当行為として、手術行為による傷害と同じで、命を守るための告知行為は法律上医師の正当行為として許されているはずです。

「家庭環境の調整」や「休養の取り方」について、その処方箋も出さないで終了している治療行為は、精神科医としての役目を果たしていないと思います。

医師として、自分の患者さんが、周辺者の行為（無理解など）により死に追い詰められ、バタバタと亡くなっているのを知りながら放置している現実について、何も心が痛まないのでしょうか？

4　行政による対策の怠慢です。

生活苦から生活保護の相談をしましたが、住まいのない者には生活保護の適用は出来ないと言われました。そこで不動産屋へ行きましたが、住所がなく、保証人もいない人には部屋を貸すことが出来ないと言われ、その日からの生活にも困って自殺を考えました…

との訴えです。

生活保護法第19条では、現在地保護として「急迫の状態」になっている者に対しては、そこを管轄する地方自治体の義務として、保護を決定して実施しなければならないとなっています。

ところが、急迫の状態とは認められないとか、自分の所には入所施設が無い、うつ病を患っているのなら保健所へ行けなどと言われ、更には、あなたの知人や友人にも連絡して、あなたを保護してくれないか聞いても良いか…、と言われ、何の保護の手も差し伸べられずに路上に放り出されたと言う人もいました。

確かに、貧困者に対する生活保護の資金を狙った〝貧困ビジネス〟も横行しています。しかし、この犯罪を防止することに主眼が置かれ、本来保護されるべき人までが不正受給者ではないかとの吟味のために犠牲になってしまっているのです。

となれば、何故、福祉課が直轄する緊急避難施設を、民間の不動産屋さんと契約して宿舎として借り上げておかないのでしょうか?

自殺者の7割以上が男性による自殺になっています。女性にはDVを対象とした保護施設があり、これが女性に対する自殺防止に大きく役立っています。男女平等施策が謳われている昨今です。

男性に対しては余りにも冷た過ぎると思います。国民の命は、国の宝物であり、国の財産であるはずです。国民の命が守られる最後の砦は行政の窓口です。国境、地域、自治体の区別なく、縦割り行政を払拭した姿に早く戻って欲しいと思います。

5 「自殺の名所」と言われている自殺多発場所に対する対策の怠慢です。

自殺の名所と言われている場所へ数箇所行き、最後の決断（再起か自殺か）をするために訪ずれました。しかし何処の名所へ行っても〝お好きな所からどうぞ〟という場所になっていました…

との訴えがあります。

年間3人以上の人が自殺している場所があれば、その場所は正しく自殺多発場所として認定すべきだと思います。

高層ビル、踏切、吊り橋、岸壁、渓谷などがありますが、自殺多発場所としての指定（認定）制度を採り入れると、その付近に住んでいる方たちは、自殺の多発場所に指定されるとイメージが悪くなるので止めてほしいと反対運動が起きてくるかも知れません。しかしそのことについてよく考えてみて欲しいと思います。

現状では、全国に数十か所もが自殺多発場所としてインターネット上で公表されていますが、全ての地域がそのことを隠そうとしています。しかし現実には、多くの自殺企図者が全国から集まってきていて自分の思いをかなえているのです。

例えば、交通事故の多発場所が判明すれば直ぐに信号機を取り付けたり、横断歩道を設置したりします。また少年非行の溜まり場所になれば直ぐに補導員が出動します。また、犯罪の多発場所があればすぐ防犯措置が採られます。なのに何故自殺多発場所だけが放置されるのでしょうか？

福井県・東尋坊では、年間200人以上の自殺企図者が集まって来ており、過去30年間に600人以上もの人が自殺で亡くなっているのに、放置されているのです。

しかし、過去には、これを逆手にとり「自殺の名所」を売り物にして観光客を呼び込む商材にして客寄せをしておりました。また、ここでの自殺防止活動をしている我々の団体に対しても妨害活動があり、この時の大義名分は「この観光地が悪いイメージになるため辞めて欲しい、そお〜っとしておいて欲しい」と言われておりこれを良い事に、何の対策もとらずに、ただ静観していろと言うだけでした。

果たして、これだけの大勢の人が亡くなっていても、本当に静観しているだけで良いのでしょうか？

もし、この600人以上の方が地元住民であってもこのまま放置しておけるのでしょうか？自殺者の大半が県外者であるため放置しておけるのだとしか思われません。

これは、特に首長の資質の問題だと思います。人の命を大切に出来る首長の誕生が必要です。

日本一、自殺の多発場所として富士山ろくの裾野にある〝青木ヶ原樹海〟が有名ですが、そこを擁している河口湖町にあっては、120人もの民間ボランティアを養成してパトロールを開始しました。これに比較して、東尋坊を管轄している地元住民の方たちは、どんな気持ちでおられるのか不思議でなりません。

自殺多発場所には自殺を考えている人が1度は訪ずれ、自殺する場所を考えるのです。この場所に行けば自宅で自殺を考えている人も発見することができるのです。こんな場所に相談所を設ければ自殺をくい止めることができるのです。それなのに、何の対策も講じずに放置しておく理由が分かりません。

今後も、何の対策もとらずに放置しておき、このまま静かに静観していたほうが、地元にとっては良いのでしょうか？

6　警察による対策の怠慢です。

自殺企図者として一時保護をされたが、自分の悩み事の問題解決にはならず、再び、自殺願望の気持ちが強まり、岩場に立ってしまいました…

との訴えがありました。

現在、地元の警察では2人1組による昼夜にかけた1日3回以上のパトロールを行っており、昨年（2009年）は過去最高の160人以上の自殺企図者を発見・保護し、その後の措置は法律に基づいて適切に行っています。しかし残念ながら再び岩場に立つ人がいます。

自殺は、犯罪行為ではないため警察による保護は24時間の時間制限の中でしか行えず、自殺防止対策は地方自治体の所掌事務となっているため、警察は他の行政分にまで手を伸ばす事が出来ないのです。

警察が保有している統計資料は全国民の財産であるはずです。

となれば、警察にできる自殺防止活動として最大のものは、自殺に関する豊富な資料を保有しているのですから、これを積極的に開示してマスコミにリンクして世の中に警鐘を鳴らすことです。それにより、担当する自治体や各種団体が動きだすはずです。

また、自殺企図者として保護された人を福祉機関の手に積極的に委ねることも必要であり、自殺企図者の悩み事を解決するために、他の福祉機関をもっともっと動かすべきだと思います。

7　報道機関による対策の怠慢です。

東尋坊における自殺の現状については、残念ながら、地元地方紙による報道が殆どなされていない現実です。

これに反し、全国紙やブロック紙である毎日新聞、中日新聞、朝日新聞、読売新聞、日経新聞、産経新聞などにあっては、東尋坊での自殺の現状について積極的に報道しています。

また、テレビ局にあっても、ＮＨＫをはじめとして地元のテレビ局は積極的に報道しており、海外のメディアである米国のＣＮＮ、英国のＢＢＣをはじめ、ドイツ、フランス、カナダ、オーストラリアなどまでが世界各国から東尋坊まで取材に来て、世界各国に現状を報道しています。

東尋坊で自殺防止に取り組んでいる私から見ますと、地方紙は、地元から何等かの圧力がかけられているため事実の報道が出来なくなっているのだとしか思われません。

地元紙の8割以上が地元の購読者です。

何故地元紙がこの問題を報道出来ないのか疑問でなりません。

報道機関の役目は、風通しの良い社会を実現するために、社会の隠蔽体質を払拭する公器としての大きな役目を担っていると思います。世間の陰湿な部分を「隠す」ことは、その場所が「淀み」、ひいては「腐敗」するのであり、もし、その実態を隠すことに報道機関までが協力しているとすれば、その責任に捨ておきがたいものがあると思います。

報道機関は、事実を報道して社会悪を追放するために警鐘を鳴らす社会的責任があるはずです。東尋坊での自殺に関して、隠そうとしている地元の体質を糾弾し、警鐘を鳴らすことこそが、地元報道機関による最たる自殺防止活動だと思います。

2010年、2月5日付けで内閣府の自殺総合対策会議決定として「いのちを守る自殺対策緊急プラン」が発表されました。その柱として9項目が掲げられており、最初の部分に、「社会全体で自殺対策に取り組む」とあります。また、自殺対策基本法　第1条【目的】では、「国民が健康で生きがいを持って暮らすことのできる社会の実現」とあります。

今後も、報道機関による正義感溢れる公平・公正な目線を持った、積極的な報道を行い、自殺防止活動に寄与されることを切望します。

第4章

どうしたら良いの？

―「自殺のない社会づくりネットワーク・ささえあい」の構築

自殺のない社会に向けて―「大きな福祉」の視点から

佐藤　修

1　コムケア活動と自殺防止活動の出会い

私は10年ほど前から、「大きな福祉」を理念に掲げたコムケア活動に取り組んでいます。といっても、ほとんどの読者は、「大きな福祉」も「コムケア活動」も聞いたことのない言葉ではないかと思います。

「コムケア」は「コミュニティケア」の略ですが、この活動を始めたころはコミュニティケアといえば、「施設福祉」に対する「地域福祉」という使われ方がほとんどでした。それに、「コミュニティ」も「ケア」もさまざまな意味で使われる言葉ですから、その名前で活動を始めようとした時には反対する人が少なくありませんでした。

しかし、私はそこに「ある思い」を託しました。今となってはそう新鮮さはないのですが、「コミュニティ」を「重荷を背負いあう人のつながり」、「ケア」を一方向的な行為ではなく、「お互いに支え合う関係」と捉えたのです。

日本は一見、豊かになってきているようにみえて、何かとても大切なものが失われているのではないか、という思いが、そうしたことを考える背景にありました。失われたのは「人のつながり」と「支え合い」。そう考えて、それを回復することこそが、コミュニティケアではないかと考えたわけです。お互いに支え合う人のつながりの輪を広げていけば、もっとみんな暮らしやすくなるはずです。

幸いに住友生命が、私のその考えを受け入れてくれました。そして始まったのがコムケア活動なのです。当初は、住友生命から資金を提供してもらい、NPOを中心に資金助成活動を行いました。ただ、単に資金提供だけでなく、可能な範囲で重荷（問題）を共有していくことを目指しました。そのおかげで、福祉やNPOの実態ばかりでなく、日本の社会の実相が見えてきました。「お金」は、「つながり」や「支え合い」を育てもするが、壊すことがあることも知りました。

資金助成活動を始めてから4年目の2004年、2つの自殺問題に取り組むNPOが応募してきました。「ライフリンク」と「心に響く文集・編集局」でした。それがきっかけとなり、私は自殺問題にも関わらせてもらうことになりました。

当時すでに、日本での自殺者数が3万人を超えてから5年が過ぎていましたが、世間の関心はまださほど高かったわけではありません。しかし、その2つのNPOの立ち上げに取り組むライフリンクの清水さんと東尋坊の茂さんの熱意には大きく動かされました。お二人と話していて、「自殺」はまさに社会の実状を象徴するテーマであることに気づきました。

コムケア活動の理念は「大きな福祉」です。福祉というと私たちは介護だとか子育てなどの個別問題を思い出しがちですが、私たちの生活はそうしたさまざまな問題が絡み合って成り立っています。ですから、個別問題を見ていてもなかなか問題は解決しない。個別問題の解決はもちろん大切ですが、暮らしの視点から考えるともっと広い視野で考えることが必要です。そこで、「だれもが気持ちよく暮らせる社会づくり」に向けての活動をすべて「大きな福祉活動」と捉え、そういう活動をつなげ、みんなで一緒になって社会のあり方や私たちの生き方を考え直すことを理念にしたのです。

現象としての個別問題への取り組みではなく、そうした問題が起きないような、あるいはそうした問題があっても気持ちよく暮らせていけるような社会（人のつながり）を目指そうというわけです。

「だれもが気持ちよく暮らせる社会」では、自殺は起こりようがありません。ですから、コムケアの活動は基本的なところで、自殺対策に通じているのです。

2 「自殺のない社会づくりネットワーク・ささえあい」

自殺対策に関しては、ライフリンクの活動もあって、この数年で世間の関心も高まり法制度も大きく変わりました。しかしせっかく法制度が整っても、肝心の社会の仕組みやそこで暮らしている私たちの生き方が変わらなければ、効果は出にくいでしょう。事実、法制度の高まりや世間の関心の高まりにもかかわらず、自殺者の数は減りません。

東尋坊の茂さんたちが水際で一生懸命にがんばっているのに、今の日本の社会は次から次へと茂さんたちの仕事を増やしてしまっているのです。そうした状況を変えるには、やはり私たちの生き方や社会の仕組みを考えないといけません。

ちょうどそう思っていたころに、茂さんから、社会全体で自殺の問題を考える仕組みをつくりたいという話があったのです。そこでコムケア活動で知り合っていた福山さんにも声をかけて始まったのが、「自殺のない社会づくりネットワーク」です。

2009年4月に、ネットワークづくりに向けての緊急集会を開催し、準備委員会を発足させました。以来、さまざまな活動に取り組みながら10月に自殺多発場所での活動者サミットを開催し、ネットワークは正式に立ち上がりました。

このネットワークの特徴は、人を基本にしたゆるやかなつながりということです。さまざまな活動をしている人たちが、いずれも個人の立場で参加しています。あまりにゆるやかなので、組織の実体が見えないといわれることもあります。しかし、参加している人たちは、それぞれに組織活動も含めて実践をしている人たちですから、誰かがこんなことをしたいと呼びかけるとさまざまな人が集まってくる。そうしただれもが使える「生きたネットワーク」を目指しています。私も、そしてコムケア活動も、そうしたネットワークの一端を担っているわけです。

そして、ともすれば「自殺」という文字に吸い込まれそうになるネットワークの活動に、できるだけ広い視野をもちこみ、さまざまな問題に取り組んでいる人たちとのつながりを広げていくことが、コムケア活動の事務局長でもある私の役割だと勝手に決めています。

3　大きな福祉の理念での支え合う生き方の回復

私は自殺問題だけではなく、コムケアの「大きな福祉」の視点で、さまざまな分野の活動に関わらせてもらっていますが、いずれの問題でも活動していると必ず行きつくのが、「つながり」と「支え合い」です。

社会が抱える問題はさまざまですし、それらは時に関係のない問題のように思いがちですが、その根っこは同じです。子育て支援に取り組む人たちと話していても、伝統文化の問題に関わる人たちと話していても、いつの間にか同じような話になっていることを何回も体験しています。そういう体験をしていると、世の中のすべての問題はつながっているのだということに気づきます。

自殺問題の集まりへの参加を友人知人に呼びかけると、「自殺」という文字で腰が引けてしまう人が少なからずいます。自分とは関係のない「特別の問題」だと考える人が少なくないのです。しかし、少し話していくとそうではないことにみんな気がつきます。自殺は決して他人事の特別のことではないのです。私たちの生活のすぐ隣にある問題なのです。

これは自殺に限った話ではありません。私たちの生活はさまざまな問題が絡み合いながら展開されていますから、いつ何が起こっても不思議ではありません。自分とは無縁の話などないのです。そうした想像力を持つことができれば、私たちの生き方も、さらには社会のあり方も変わっていくはずです。しかし多くの人は、自らが実際にその問題に直面するまで気がつきません。

「大きな福祉」の発想は、そうした想像力を持とうということでもあります。

「大きな福祉」のもう一つの意味は、社会とは誰かが誰かを支援することではなく、みんながお互いに支援し合っていることに気づくことでもあります。自殺のない社会づくりネットワークの交流会で、認知症のお母さんを世話している人が、実はお母さんの世話を通して自分が癒されていたことに気づいたという話をしてくれたことがありますが、支えていると思っていた相手から実は自分もまた支えられていたという体験はみなさんにもあると思います。人は必ず誰かによって支えられている。「支える」ということは、同時に「支えられる」ことでもあるのです。それに気づくと、世界は少し違って見えてくるはずです。

大きな福祉の活動は、それ自身が「自殺のない社会」に向けての活動です。茂さんがよくいうように、話を聴いてもらえる人がいるだけでいい。声をかけてくれる人がいるだけでいいのです。そうした人のつながりが、あまりに切れてしまっている。それが毎年3万人を超える人が自ら生命を絶っている社会の実状なのです。

自殺対策としていろいろと具体的な対策に取り組むことももちろん大切ですが、それ以上に大切なのは、人のつながりがしっかりとあって、お互いに支え合う文化がある社会をつくっていくことです。それが「大きな福祉」の視点での自殺問題への基本姿勢です。

まわりにちょっと気になる人がいたら声をかけていく。安心して心をひらける場を増やしていく。自殺対策には直接つながらないかもしれませんが、そうした取り組みがいつかきっと「自殺のない社会」をつくりだしていくはずです。

4　お互いに気遣い合うことが自殺のない社会への第一歩

といっても、ただ「つながり」や「支え合い」が大事だというだけでは事態はなかなか変わらない。そこでこのネットワークでは、3つのサブシステムをつくっていくことにしました。

水際で自殺を食い止める茂さんたちのような人は「ゲートキーパー」と呼ばれています。そうした人たちのつながり、それが「ゲートキーパー・ネットワーク」です。次にゲートキーパーによって自殺を思いとどまった人たち、これを「フォワード」と呼ぶことにしました。前に向かって進んでいく人という思いを込めた命名です。そうした人たちの「フォワード・ネットワーク」。3つ目は、そのフォワードの自立を支援する人たち、「シェルター」のネットワークです。

東尋坊の茂さんは、すでに長年の活動によって、そうした3つのつながりの輪に支えられていました。それをもう少し見える形にし、それらを重ねてできたのが「自殺のない社会づくりネットワーク・ささえあい」です。

しかし実際にさまざまな活動をしてくると、これらの3つのサブシステムは、別々の存在ではないことがわかってきました。「夏のつどい」の報告にも出てきているように、フォワードの人たちこそが、最高のゲートキーパーやシェルターでもあるのです。シェルターの人たちはフォワードを支えているようで、実は自らもフォワードから元気をもらっている。そのように、お互いが状況によって入れ替わるような関係にあることがわかってきたのです。

つまり、このネットワークの仲間はみんな同じ立場にあるということです。今はたまたまゲートキーパーやフォワード、シェルターの役割を果たしているけれども、明日になればその立場は入れ替わっているかもしれません。でもこのネットワークには支えてくれる仲間がいる、そう思えればだれも安心できます。そのような、立場を超えてつながり、支え合う仲間の輪が「自殺のない社会づくりネットワーク・ささえあい」なのです。

自殺者が一向に減らない現実の中で、自殺が多発している現場での自殺防止活動は重要です。しかしそうした活動が効果を上げていくためには、その活動を支えるシェルターの仕組みが社会になければいけません。せっかく茂さんが思いとどまらせても、その人をあたたかく包み込んで生活できるように支えていく仕組みがなければ、また同じ道に向かわざるを得なくなるかもしれません。それではいつになっても茂さんたちの仕事はなくなりません。

シェルターといっても難しいことではありません。もちろん暮らしの場や働く場を提供することは必要ですが、声をかけ、一緒に考えるだけでもいいのです。一緒に考えれば、何か知恵が出てくるかもしれません。

同時に、そもそも茂さんのところに行かなくてもいいような、支え合う人のつながりが広がっていくことです。隣りの人のことをちょっと気遣いする生き方から始めるのであれば、だれにでもできることです。各地でだれもが気楽に話し合えるような場をつくることも、そう難しいことではありません。それが広がれば、社会全体がシェルターになるでしょう。

もちろん実際に自殺を考えるような状況に陥った人には、こうしたゆるやかな取り組みは即効性をもたないかもしれません。しかし、どんな場合であろうと自分のことを気にしてくれる人がいると思えるかどうかはとても大切なことです。そうした「支え合う文化」を社会に広げていくことが、本当の意味での「自殺のない社会づくり」ではないかと思います。

そんな「自殺のない社会」に向けての、新しい一歩が、このネットワークで始まったような気がします。

医療現場から

福山なおみ

1　わたしを自殺防止活動に突き動かし、支えてくれた人たち

わたしは医療現場で患者さんの自殺に遭遇するたびに無力感や自責感を抱き、何かもっとできることはなかったのだろうかと悩んでいました。このようにわたしの心を奮起させてくれた大きな力をもつ人は、不幸にも亡くなられた人でした。当時、わたしは同じ大学病院内にある【医療福祉相談室】で仕事の合間を使って電話相談や医療地域連携の仕事を手伝っていました。その室長が故稲村博先生で、時にスーパーバイズを受けながらさまざまな事例を通して社会問題を語り合いました。このままではいけない、そういった思いが高まり、教育現場に移ると同時に「自殺予防と看護」をテーマに、自殺対策支援活動を開始し、教育研究との融合を試みようと思うようになりました。

教育の場に移った直後「実際に自殺が起こったとき、看護師ができること」（２００１「精神

科看護」）を書かれていた高橋祥友先生と知り合い、また自殺者が3万人を超える事態が5年続いた2003年に「週刊医学界新聞」での座談会、「医療従事者にできること」をテーマに語り合いました。「自殺予防における看護師の役割」（2004「こころの科学」）、2005年からの自殺対策支援センターライフリンク（代表、清水康之さん）の活動に加わり、自殺対策基本法成立のための準備活動や全国自死遺族支援キャラバン、自殺実態1000人調査などを行いました。2007年にはコムケアセンター（事務局長、佐藤修さん）とのつながりにより活動の輪が大きく広がりました。2008年「自殺未遂者の生きる支援を考える」（日本精神障害者リハビリテーション学会）で東尋坊の茂幸雄さんたちと自主シンポジウムを行いました。2009年は「自殺のない社会づくりネットワーク構想」について日本セーフティプロモーション学会で報告、その直後に、ネットワーク作りの話が持ち上がり、立ち上げにはそう時間はいりませんでした。

本章では、医療現場で看護師として体験した自殺問題について取り上げ、それぞれの特徴とかかわりの実際と、医療の現場から、なぜ「ネットワーク・ささえあい」を立ち上げようとしたのかについて述べたいと思います。

2　医療現場にみられる自殺問題

医療現場でおこる自殺の原因・動機は、「健康問題」を中心に身体に危機が襲っている場合、あるいはそのように感じている場合、また入院生活によって生じる「経済問題」などが複雑に絡み「家庭問題」へと広がり、徐々にうつ状態となり追い詰められる場合が少なくありません。また、精神疾患との関係では、自殺の発生の基盤となる生物学的要因（脳内伝達物質代謝系の脆弱性）、幻聴や妄想によるもの、またさまざまなライフイベントや日常のストレスなどが単一ではなく複合的に絡み合って自殺念慮が生じ、自殺企図につながることがあります。

わたしは、自殺の背景は、こうした中でもある一つの要因（一つの大切な関係の崩壊）によって生じる《生きる拠り所の喪失》と考えています。

3　医療現場でリスクが高いといわれている身体疾患および精神疾患をもつ人の苦悩

■身体疾患をもつ人と自殺の関係と対応

特定の疾患にかかった場合、一般人口と比較してどの程度自殺の危険が高まるのかのデータを示します。最も危険度の高いものは、慢性腎不全（人工透析14・5倍、腎移植3・8倍）、がん（11・4倍）、HIV陽性・エイズ（6・6倍）、SLE（全身性エリテマトーデス／4・3倍）、多発性硬化症では2・4倍で、発症後5年以内に自殺率が高いと言われています（2006高橋祥友）。では、このような病気はなぜ自殺の危険を高めるのでしょうか。その要因のなかには、身体的な痛みがあることや徐々に悪化傾向を辿り生命が脅かされること、長期化する傾向があることから経済問題や生活困窮が生じること、そうした状況が持続することによって家庭問題を引き起こす可能性があること、学校や職場など社会からの孤立感が高まり周囲の支援が得られなくなることなどがあります。そうした外的・内的な環境の変化を感じ、人生の岐路に出合いながら病院生活を余儀なくされ、人は心の揺らぎを感じるのは当然のことでしょう。

【事例1】30代の男性。独身。慢性腎不全で長期血液透析中。希死念慮。病状が芳しくなく、長期入院。ある日、母親はわたしにこう言いました。「息子が、『透析続けるの辛くて死にたいよ。俺、寂しい、母さんと一緒に寝たい』と言うんですよ、病院ではそんなことだめですよね」

わたしの対応：「彼がそのように話した（聞いた）のは、初めてです。お母さん、彼がいまそのようにして欲しいのでしょう。そうしてあげてください」と、伝えました。入院生活上の規則は、規制するのではなく患者さんや家族にとってより幸せになるために活用するものだと思います。わたしは母親が息子を思う気持ちに素直に共感し、わたしの中に生じた気持ちを表しました。

単調な入院生活の中で、長期的なしかも一回あたりの透析時間が長いこと、治療の副作用は元気を失わせます。とても心細いのです。そのような時、看護師が患者さんのベッドサイドにいてする日常のごくあたりまえの会話は、患者さんに安心感を与えます。このように、何でも話せる環境づくりが大切になります。医療従事者は、その環境の一部なのですから。

■精神疾患をもつ人と自殺の関係

うつ病、アルコール依存症を含む物質関連障害、統合失調症、パーソナリティ障害などに顕著で、それらが原因と思われる自殺者は70％を超えるといわれています。特に近年のうつ病は、若年齢化したことや受療者数が増加したこと、薬物療法のありかたや病像が多様化し拡散してきているといったさまざまな指摘があります。その背景には、価値観の多様化や社会規範が弱まり、従来の自責感から他罰的になるなどで、診断基準を満たさない事例も少なくないようです。このような実態からも、従来型と昨今のうつ病発生の違いや対応についても、相手の人の気持ちを理解しその人が生きていけるよう支えていくことが大切です。一方、統合失調症において幻聴や妄想によって投身することにより生命を絶つケースも稀ではありません。ここでは、幻聴や妄想に苦しみ、自殺に追い込まれないように支える、ということが大きなテーマです。

【事例2】20代の男性。統合失調症。家族の面会を心待ちする優しい人。幻聴に支配され、飛び降り、骨盤骨折をし、歩行練習などのリハビリテーションを行っている。久々に会ったわたしに「飛び降りたの知らなかった?」と話しかけてくれました。

わたしの対応:「うん、知らなかった、久しぶりに会ってびっくりしたわ。でも生きていてくれてよかった。また、同じような声が聞こえてきたら、その人の言いなりにならないで、そばにいる人に助けを求めてね、きっとよ」と言いました。すると、彼は「助けを求めるの?」と言って、うんとうなずき笑顔を見せてくれました。その笑顔に出会い、とてもいとおしく思いました。そのように人が苦しんでいる表情を見たら、そばにいて安心できるよう、行為にうつすことがないよう支えてあげて欲しいと思います。幻聴などの症状は他人に理解してもらえないことがあるため、対人関係がうまくできないこともあります。また、大うつ病の状態ではエネルギーは高まらず、日常の生活行動にも支障をきたすこともあります。しかし、自分がどのように扱われたかについてはとてもよく知っているのです。

4　救急外来に運ばれる自殺未遂の人と家族のかかわり

■救急外来に搬送される人とのかかわり

精神的な興奮状態にあるか、ひどい抑うつ状態が多いです。救急外来に運ばれると、すぐにその人の生命を脅かす危険因子は何かを評価し、「緊急の身体的治療」を優先します。切り傷がある場合には、緊急手術になることもあります。大量服薬した場合には、薬物の吸着をさせるために活性炭を入れた生理食塩水を胃の中に注入し、胃洗浄を行います。また、意識障害や呼吸困難があれば状況によっては人工呼吸器を装着することもあります。

患者さんのこうした行為は、最大の力を振り絞って実行に至ったわけで、心身のエネルギーを使い切った状態といえます。とても疲弊しているので、静かな環境で十分な休息がとれるような準備が必要です。また、体力が回復し、思考が明瞭になると現実が脳裏をよぎり、再度の行為に及ぶことも否定できません。

自殺に追い込む原因には、孤独感、無価値感、殺害に至るほどの怒り（1992マルツバーガー）と言われています。また自殺未遂歴のある人は既遂率も高いと言われています。そのとき、「自分を気遣ってくれる人がいる」、「自分は一人なんかじゃない」と思えるような環境づくりが重要になります。

■救急外来に付き添う家族への対応

精神科救急の場では、付き添ってきた家族のかかわりもとても大事になります。「死にたい、死なせて」と、何度か自殺未遂行為を繰り返し、刃物を振り回して本人や家族を傷つけることもありますので、家族は外来に連れてきて「ホッとした」と思う反面、「可哀想だ」という自責感も同時に抱く場合が多いのです。外来で待つ家族には、ことの経過をゆっくりと、家族を責めたりすることなく説明し、安心感を与えることが大事です。自殺未遂の直接的な原因が家族との関係で起こっている場合があるので、家族の思いもきちんと聴き、双方の関係の成り行きを把握した上でかかわってもらうことが重要です。

わたしの対応：2006年、都内某デイケアに「家族会」を立ち上げ、交流会を開いています。はじめは研究目的でしたが、ご家族の自宅を訪問してわかってきた家族の感情表出や困難体験を共有し、みんなでどのように対応したらよいのかを考えたり、語ることで「自分だけじゃない」「わたしよりもっと大変な人がいるんだ」と安堵したり、初めての人でも違った体験についても、安心して語れるようになりました。さらに、失敗や成功体験を積み重ねながら、自信がもてるような交流会にしたいものです。このような家族会も形式ではなく、つながりあい、支えあえる「場」なのです。

5　医療の現場から、なぜネットワーク・ささえあいを立ち上げようとしたのか

身体疾患や精神疾患をもち入院している人も、救急を受診する人も、当然ながら治療は必須ですが、自殺を誘発する根源的な背景は、前述しましたがある一つの要因（一つの大切な関係の崩壊）によって生じる《生きる拠り所の喪失》と考えています。言い換えれば、病気が治って退院しても職場や学校、家族など社会に受け入れられなければ、経済問題も大事なことではありますが、もっと「人間存在」の根源的なところで、自分の生きている意味や価値はどうなるのかを考えてしまうと思います。

医療現場は、暮らしの場とつながっています。分断されたものではありません。そのためには、医療とともに、退院後にもその人らしい生活を送ることができるようになるために、やはり人と人がつながったり支えあったりということがとても大切になってきます。これまでの組織間の連携ではなく、もっと身近な人が声をかけ、気づかいができる関係、社会のありかたや私たち自身の生きかたも考えていく必要があります。そのような社会を築いていくことができれば、もしかしたら、受療者数も入院患者数も、医療費も軽減するはずです。医療費削減が先にあるのではないことがわかってきます。

そして、支えあうとは、一方向ではなく双方向の関係で成り立つものです。医療従事者も患者さんも家族も、それぞれの役割をもっていますが、同じ人と人です。もっと、自分の思いを自由に語り合いませんか。そして、自分のできることを実行してみませんか。そのような社会は、きっと医療の場から見ても、こころ安らげる居場所なのではないでしょうか。

このことは、とりもなおさず、「自殺のない社会づくりネットワーク・ささえあい」につながることなのです。

わたしを必要としてくれる人がいて、その人の役に立つことをすることで相手の人が喜んでくれたら、これほど嬉しいことはありません。

このような温かな循環によって、ひとは【自分の存在】する意味や生きがいを感じながら、生きていくことができるのではないでしょうか。

第5章

自殺を考えた体験者との「語る会」の開催報告

●広がる海原。壁っぷちの道

1 2009年「第1回夏のつどい」in東尋坊報告

報告者　福山なおみ

自殺企図者の自殺を食い止めて再出発を果たしても、その後の心の支援を待ち焦がれている人が大勢います。この人たちの声に応えるため、2009年に2回の集いを開催しました。

開催目的

1、自殺企図者のエンパワーの支援とそうしたことが継続的に行われるための第一歩づくり
2、自殺企図者による体験交流の場の運営ノウハウの蓄積
3、自殺体験者からの社会へのメッセージを集め、社会に発信していく

日　時

2009年7月31日（金）14時～8月1日（土）14時

場所：福井県勝山市　六呂師高原温泉ピクニックガーデンにて

参加者概要

東尋坊（14名）、三段壁（1名）、青木ヶ原樹海（1名）計16名。

東尋坊スタッフ（13名）、ヒューマン・サポートネスト（1名）、自殺のない社会づくりネットワーク設立準備会（5名）、精神科医（1名）、看護師（3名）、マスコミ（6名）他計36名

参加者の精神状態に配慮した対応

初めてのつどいであり、安全を重視し企画した。参加者の中には特定の人と個別で話すことはできても、大勢の中に身を置くことを好まない人、フラッシュバックを起こす人もいる。そのような場合、緊張が高まりストレスにより精神的動揺が生じる可能性が予測されるため、開始直後に「個人申告書」を書ける範囲で記載してもらい、フォローが必要な参加者4〜5名について、精神科医師と精神科経験看護師とで情報交換を行った。プログラムの途中で退座した参加者には、すぐにそばに行き、血圧測定や脈拍などの測定をしながら今の気持ちを表出しやすいようそばで見守り、安心できるよう努めた。また、身体的にも緊張感のある人には横臥し休息をとるこ

とを促した。その結果、全員が元気を取り戻し、次のプログラム（バーベキュー）に参加することができた。

全体総括

2日間のプログラムを、参加者全員で共に過ごせたことは、大きな喜びであった。また、時間の経過の中で、「多くの人からそれぞれ苦しかった事を聴き、話させて頂いて胸の中にあったモヤモヤが取り除かれた感じがして大変良かった。次回の集いに是非とも誘って欲しい」という言葉を何人もの人から聴くことができたことや、会の終わりに「今の自分にできることから、していくんですよね？」という不安げながらも晴れやかな笑顔からは、フォワード・ネットワークプログラムの一環としてトレーニングの機会にもなったと考えられた。このような人には、次回の企画メンバーとして可能な範囲でできることを行うことにより、自信や自尊心の回復につながることが期待できると思われる。そして、この場が体験者同士はもとより、体験者か体験者でないかという垣根を超え「安心して語れる場」となった。

〈参加者の声〉

●ここ何十年もの長い間、大勢の人と輪になって話をした事が無かったが、今回の集いは、自分の若い時の思いが蘇った。また、同じ〝自死〟まで考えた人との会話は、年齢の差を感じず、何のわだかまりも無く、遠慮なく話ができて終始楽しかった。

●見ず知らずの人や知人には絶対に自分の生い立ちなどは話せなかったのに、今回は何故か誰にでも率直に話をすることが出来、胸の中にあった荷物が取り除かれて軽くなった。

●これまで専門家に相談した時、いつも「経験者では無いから絶対に自分の気持ちは理解はできないはずだ」と思い、何時も批判の目を持って話を聞いていたが、今日、悩みは違っていても「体験者との話し合い」であったことからスムーズにお互いの言葉が胸の中に入って行き、何もかもがストレートに聞き入れることが出来た。

●マスコミの人と対等に話ができ、今まで自分の訴えなんかマスコミ（世間の人）は聞き入れてはくれないと思っていたものが、今日は、自分の訴えを大勢の世間の人に訴えている様な感じがして気持ちが晴れた。

社会への提言

●死んだらアカン！　と声を掛けてくれる人が欲しかった。　→（パトロール隊の編成）

●自殺多発場所は何等かの方法により悩み事が解決できる（自死又は再起の決意）場所である。決めて足を運んだのですから、そこは「心が癒される場所」であって欲しい。

●1人で良いから共に歩いてくれる人が欲しかった。　→（水際にサポートセンターの設置）

●危険箇所を排除して欲しい。　→（ケースワーカーの充実）

→（物理的な対策）

●電話番号案内の104番へ電話すれば、正式名の如何を問わず相談所を案内して欲しかった。　→（相談所の案内）

プログラム1日目

自由時間

最初はソファーで煙草を吸いながら話したり休んでいた人も、徐々に屋外に出て、マレットゴルフ場まで来て見物したり、二輪車に乗ったり、釣りをするなどそれぞれ興味のあるものを選び楽しんでいた。このゆったりとした時間は、参加者の緊張を解放するのに有効であった。

バーベキュー

小グループに分かれ、同じ鉄板の野菜や肉を食べながらのお喋りは、親和感を高め、さらに緊張感を解きほぐした。少しお酒も入ったせいか、自由時間よりも、より自然で開放的で楽しそうな表情だったと感じられた。特に若者の多いテーブルは、自己紹介のときの重たい空気とは打って変わって、和気あいあい、笑い声も聞こえた。また、後半にはグループを固定せずに、自由に他のグループの席に移動し、肉や焼きそばの美味しさ比べをしながらお喋りを楽しんでいた。

絆の会パートⅠ

語りの場面では、自分の生い立ちや経験、そのうえでの自身の人生観、死生観について主に語り、「人間の弱さと強さ」から派生しての思いのやりとりが増えた。中には「弱さというか、入院して、うつ病って心の骨折だって言われ、病気なんだからしょうがないと思えるようになった」など自分の病気に対するとらえ方の変化を語る人もいた。また、援助希求行動に男女の違いや行政のシステムとして男性の支援体制の不備（保護施設のないこと）について問題提起がなされた。発言量に偏りがみられた。ここでは、途中具合が悪くなってしまった参加者が2名おり、スタッフが話に耳を傾け、血圧や脈拍測定をしながら気持ちが落ち着くまでそばで見守った。

〈今後の改善案〉

- 長く発言しすぎる人に対しては、承認の言葉かけをはさみ、思いを受け止めたことを返す。「今ここ」にある思いを受け止めたり、参加者同士の発言ややりとりが促進されるような投げかけの工夫をする。
- 緊張を軽減できるような配慮、たとえば、より話しやすいレイアウト（座席の工夫、小グループ化）や、簡単なアイスブレイクを入れるなどが挙げられる。

絆の会パートⅡ

少々のお酒も交え、かっちりとした場を設定せず、参加者同士の個別の自由な会話や、カラオケが行われ、「生きづらい社会のしくみ」について少人数で語り合う輪もあった。会話には加わらなくとも、人の輪の近くに一人座って居られる「うつ病」の参加者の居ずまいが印象的であった。そうした「居方」が出来るような、その人自身の力と、この場に対する信頼、また、会場（食堂）の脇の廊下が、ソファー喫煙スペースになっているという空間的要素や、この交わり自体の場の力などあったのだと思われた。ここでも、必要時スタッフがそばで気持ちを支えた。

夜の自由行動

参加者、スタッフ、報道関係者が自由意志で参加し、菓子や飲み物をつまみながらの語り合いは、和気あいあいと楽しいおしゃべりや冗談を言い合いながら、終始にこやかな表情が見られた。また、女性スタッフたちが傍らで自家製の梅干や昆布などを入れた大きなおにぎりを作り、手渡しで食べるそのやりとりには、家庭的な温かさが感じられた。カラオケの場では、「人前で歌を歌ったのは15年ぶり」と嬉しそうに話す、音楽好きという男性参加者の表情が印象的であった。

プログラムには描かなかったこのようなゆとりのある自由時間は、参加者同士の親交を深める上でとても大切なひと時であったと感じられた。夜間のラウンドを計画していたが、心配した人たち全員が自主的にこの場に参加され、満足した時間を過ごし、後片付けまで積極的にかってでてくれ、気持ちよく散会となった後はそれぞれの部屋に入ったためその必要はなかった。

プログラム2日目

朝の自由行動

「早起きしてお風呂にゆっくり入った。この湯はとても良い。朝から温泉に入ってスッキリした気持ちになった」、「眠くて起きるのが辛かった。昨日の興奮（楽しくて）が治まらなくて眠れなかった」など、前日よりも気楽に思いを表現してくれる人が増えた。

絆の会パートⅢ

ここでは、全ての参加者がこの2日間を通して、「今思い浮かぶ気持ちを色に例えると何色か」を一人ずつ発表していった。順番に発表された色は平仮名で模造紙に書きだされた。次に、「なぜその色を思い浮かべたか」について、また順番に語り合った。

緑　9名・青　6名・くろ・むらさき・うすむらさき・くろ・あかちゃ・ぐれー・無色・はれた日の青・おれんじ・色が沢山あって決められない、など様々であった。「思い浮かばない」という色も作った。中には、「雲が晴れて青空になった気持ち」など晴れ晴れした気持ちを表現する人もいた。また、ゲーム感覚で安心感・楽しみを伴う進行であったと同時に、自分の内面を見つめ今後の方向性を考えるよい機会になったのではないかと思われた。次いで、参加者の意見や感想、希望を聴いた。

クロージング

事務局長から語られた参加者の希望は、大きく3つのカテゴリー（ゲートキーパー、フォワード、シェルター）ネットワークに集約されること、またそれらに対する今後の取り組みの方向性と具体的展開についてまとめた。その後、スタッフ全員から感想や励ましなどメッセージを贈った。最後に、代表から「また会いましょう！」という熱いコールとともに参加者全員が大きな輪になり、手をつなぎ（絆）、その手を高く挙げた。

2　2009年「第2回冬のつどい」in東尋坊報告

報告者　茂　幸雄

はじめに

「自殺を考えたことのある人、試みたことのある人」とサポーター等による交流会「冬のつどい」を12月5日（土）16時30分〜12月6日（日）10時まで、福井県福井市にある天然温泉「佐野温泉」でささやかに開かれた。

参加者

体験者（7名）、サポーター（16名）、マスコミ（5名）総勢28名が集まった。

自殺を防止するには、自殺企図者に対して「止める」「寄り添う」「支える」の3つの支援を行う事により多くの自殺をくい止める事が出来ると考えており、今回は「夏のつどい」に次いで2回目の「冬のつどい」であったため「支えるとは」「自殺を防ぐには」の2点に的を絞り、これをビンゴゲームに織り交ぜて語り合った。

今回のつどいの開催目的

1、自殺企図者のエンパワーの支援
2、自殺企図者とサポーター、知識人・マスコミ関係者らとの交流
3、自殺体験者のメッセージを汲み取る

プログラム

この1年間のあゆみ、国会議員との意見交換、人生ビンゴ、懇親会（語り合い）、東尋坊への訪問

内容の要約

1、この1年間のあゆみ報告
保護者数55人（累計223人）、シェルター数22ヵ所、自殺防止対策速報20回、講演38回、訪問者に対する講演9回、会員数168人（ささえあい90人、東尋坊78人）
2、国会議員との意見交換
自殺防止対策基金は1期内の計画であるが、恒常的な継続が必要である。
父子家庭に対する支援も今回の法案に織り込んでいる（質疑への回答）。
3、人生ビンゴ

ペーパーに番号を付し、匿名による「支えるとは」「自殺を防ぐには」について意見を書いてもらったものを抽選箱に入れ、1枚ずつ開封して書かれている内容について意見交換を行った。

4、懇親会（語り合い）

一堂に会して旬の「越前ガニ」を賞味し、談笑しながらの交流会とカラオケ大会

深夜（午前2時ころ）まで、体験者とサポーターらが輪になり語り合った。

5、東尋坊訪問

体験者全員（7人）が東尋坊に集まり、全員で手作りのお好み焼きで昼食をとり、パトロールしたあと再会を約束してそれぞれが帰省して行った。

参加者の声（キーワード）

1、「支え」について思い浮かぶ言葉

心、繋がり、家族、寄り添う、援助、傾聴

2、自殺を防ぐには

声をかける、つながりを持つ、目配り、国政で、傾聴する社会、総合相談窓口を、心が支えあえる社会づくり、総合力で対処する、全国民的なサポート体制の構築

社会への提言

●毎日の様に都会では列車飛び込み自殺が発生している。民間人が立ち上がり、民間人

による巡回パトロール隊を育成する必要がある。

●自殺の多発場所と呼ばれている場所へ行くのは、そこには自分の悩み事が解決出来る何かがあるとの思いから訪ねている。そんな場所は「安心出来る場所」に生まれ変わって欲しい。

●「いのちの電話」など、国内には多くの相談所があるが、そこで見えてきた同じ悩み事を解決する回答内容を開示し、その対策を行政にも訴えて欲しい。

●死にたくなる時間帯即ち「死にタイム」がある。その時間帯に対応してくれる相談所が欲しい。

●NTTの104番が、相談できる場所をダイレクトに案内する様にすべきである。

●マスコミは、私たちの「心からの訴え」を報道して欲しい。

第6章

自殺多発場所での活動者サミット報告記

●2009年10月24日に催された「自殺多発現場での活動者サミット」

２００９年10月24日、「自殺のない社会づくりネットワーク・ささえあい」発足のキックオフイベントとして、「自殺多発現場での活動者サミット」が東京で開催されました。

そのネットワークは、茂さんが以前から構想していたものですが、その設立に向けて4月に緊急集会を開催し、その後、その構想に共感した人たちが半年かけて、準備を進めてきたものです。

自殺多発場所での活動者サミットとなっていますが、実際には「自殺のない社会」を目指そうと、さまざまな形で実践活動をしている人たちが１００人を超えて集まり、立場を超えてみんな同じ目線で話し合おうというスタイルを取りました。

第一部では、茂幸雄さん（ＮＰＯ法人心に響く文集・編集局理事長）、藤藪庸一さん（ＮＰＯ法人白浜レスキューネットワーク理事長）、日原和美さん（青木ヶ原樹海をかかえる富士河口湖の町役場福祉推進課課長）の3人が中心になって、自殺未遂体験者やそうした人たちを支援している活動をしている人などにも参加してもらい、思いの共有を進めるとともに、問題提起させてもらいました。

第二部では、会場の皆さんから自由に発言をしてもらいました。さまざまな立場の人が、それぞれの思いを語ってくれました。おそらくこうした集まりは、これまであまりなかったのではないかと思います。

ここでは、第一部を中心に、話し合われたことの要旨をお伝えしたいと思います。

■自殺多発場所での活動からの問題提起

佐藤修（司会：コミュニティケア活動支援センター事務局長）／まず、実際に現場で活動されているみなさまから、活動を通して感じていることや社会に伝えたいことをお話しいただきたいと思います。

茂幸雄（ＮＰＯ法人心に響く文集・編集局理事長）／東尋坊ではこの10年間だけでも２４４名の方が亡くなっています。しかも東尋坊の周囲約１．４㎞あるうちの3か所で大半の方が亡くなっている。これをこのまま放っておいていいのか、というのが私の最初の疑問でした。

活動を始めた頃は、東尋坊のイメージが悪くなるからやめてくれと地元からの抵抗がありましたが、最近、ようやく理解が得られ、いまは週3回パトロールしてくれることになりました。しかしまだ行政の対応も含めて十分とは言えません。

藤藪庸一（ＮＰＯ法人白浜レスキューネットワーク理事長）／私が活動しているのは、和歌山県白浜町にある三段壁です。そこで、１９７９年から僕の前の牧師（白浜バプチストキリスト教会）

が、自殺防止のために「いのちの電話」という看板をたてて活動を始めました。そこから市役所や地元警察の方との関わりも生まれてきています。

私たちの活動は、現地の見回りでの保護もありますが、設置されている「いのちの電話」から電話してきた人に対して行動することがほとんどです。三段壁の絶壁の上でなんども行ったり来たりしながら悩んでいるうちに看板を見て、やっぱり電話してみようと思った方が電話をかけてくる。いまは警察もそこに臨時交番をたてて直通電話をひいていますので、その電話で警察に直通電話をして保護を求めている人もいます。

保護した方をどうやって自立させていくかということが私たちの大きな役割です。やりなおしていくには、仕事や収入が必要ですし、住む場所も必要です。今は教会を開放し、そこに仮住まいして自立に向けた就職活動をしてもらうようにしています。また、5〜6年前に白浜町がそうした人たちのためにアパートを貸してくださり、今はそこに住んでもらい、自立に向けた取り組みをしてもらっている人もいます。さらに和歌山県からもひとつ物件を私たちに下さるということで申請中ですが、今度つくられた基金を活用して、そうした物件を購入するなり借りるなりすることを検討しています。

ここは観光地ですから、観光との関係もあります。たとえば、今年（2009年）9月に、事故防止のために三段壁には柵がついたんですが、観光資源としては突端まで行って下を覗き込めたほうがよかったという意見もあって、そのへんが今、問題になっています。

佐藤修／東尋坊も観光地ですよね。そこが非常に悩ましい話ですね。青木ヶ原樹海も同じように観光地ですが、日原さんのところでは、むしろ観光地であることも活かしながら、行政が中心となって観光関係の人たちも巻き込んで展開していますね。

日原和美（富士河口湖町役場福祉推進課課長）／山梨県は2007年、2008年と自殺率2年連続全国ワースト1でした。富士河口湖町と隣の鳴沢村にある青木ヶ原樹海が数値を引き上げていました。ところが青木ヶ原の自殺者の多くは県外の人であるため、私ども地域に住んでいる者は自分たちの問題として捉えにくく、そのためこの問題への意識がとても低かったのが現実です。

最初はどんなことをしたらいいかいろいろ考えたんですが、いずれにしても地域全体で考えていかなければいけないということで、行政が商工会や観光業者、民生委員など、地域の関係者に声をかけて、「いのちをつなぐ青木ヶ原ネットワーク会議」を立ち上げました。それが2008年の6月です。

青木ヶ原は3000平方キロメートルという非常に広いところですので、パトロールといっても無理がある、柵といっても国立公園なので規制がある。そんなことから話し合いの結果、青木ヶ原の持っている負のイメージ、自殺の名所というイメージを変えていくところから着手しようということになりました。ここは自殺をするところ、命を捨てるところじゃない、命をもらう場所なんだ、というプラスのイメージチェンジをはかることを基本にしていこうということです。

ポスターからも自殺という言葉は抜いて、青木ヶ原樹海の大自然からいのちの元気をもらおうという方向に変えました。また多くの人たちに関心をもってもらうために、自殺防止に取り組んでいますというピンバッチを作成しました。

観光業者のみなさんもずいぶん協力をしてくださいまして、声かけ運動のためのボランティア養成講座も多くの人たちが参加してくれました。ネイチャーガイドプランというのも作り、青木ヶ原樹海をウォーキングして大自然の息吹きをもらおうという活動も始めました。

佐藤修／3つの活動をご発表いただきましたが、実はこうした3つの活動がこれまでつながっていなかった。それぞれ各地でばらばらにやってきていた。それが数年前から少しずつつながりだし、今日はみなさんに一堂に会していただいたわけですが、つながってみて何か学んだこと、気づいたことはあるでしょうか。

藤藪庸一／3年位前だと思いますが、茂さんから電話があったんです。その前から新聞やテレビで茂さんの活動は知っていましたが、お話しできたのはそれが最初です。同じような問題を抱えて、同じような活動をしているということを知って励まされるというか、共有できる何かがあるなっていうことをすごく感じました。

日原和美／「いのちをつなぐ青木ヶ原ネットワーク会議」では、地域のみなさまに声かけ運動を広げていきたい、ということでボランティア養成講座を開催していますが、昨年の講師が茂さん、今年が藤藪さんです。そこでお二人から地域の皆様にお話をしていただきました。茂さんや藤藪さんの取り組みからいろいろなことを教えていただいています。

佐藤修／茂さんも青木ヶ原に行って、学ぶことはありましたか。

茂幸雄／青木ヶ原は去年も見せていただきました。その時は、地元の人に自殺の話を訊いても答えてもらえませんでしたが、今回は、むしろ先方からいろいろと話をしてくれました。地元の人がみんなで取り組んでいるのが伝わってきました。地元の人が堂々とお話ができるようになったのは、すばらしい変わりようだと感じました。

■ゲートキーパーの活動を支えるシェルター活動

佐藤修／茂さんや藤藪さんの活動が続けられている背景には、そうした活動を支援する人たちがたくさんいます。そこがとても重要なところです。日原さんのところはそうした体制、私たちは「シェルター」と呼んでいますが、そこの部分を支える仕組みがまだ十分育ってない。この部分は行政だけではなかなか取り組みにくいところかもしれません。

今日はそうしたシェルター活動に取り組んでいる方が参加してくださっています。そこで、お二人の方からお話をしていただこうと思います。

藤田真宏（シェルター実践者）／私は派遣会社に勤めているサラリーマンです。派遣会社といってもいろいろあると思いますが、終身雇用という状況が大きく変わってしまったなかで、何かの理由で軌道から外れてしまった人たちがまた良い会社に雇ってもらえる架け橋になりたい、というのが私たちの会社の基本理念です。派遣社員の人たちがそれぞれの実績を活かして、また就職できるように応援したいという形で業務を営んでおります。

そんな中で、2008年の1月、テレビで茂さんの活動を見せてもらいました。たまたま私の会社の代表も同じ番組を見ていて、翌日、私が出社したらそれが話題になり、私が茂さんの所へ行って話を聴いてくることになったのです。

自殺を思い止めさせるだけではなく、私財をなげうってその人たちの支援をされている、というところにすごく心が動きました。私たちの会社は、全国に2000位社宅をもっています。職場も600近くあって、いろいろな仕事がある。そうした会社として、なにか茂さんの活動の役に立つことができないだろうかと考えました。茂さんも私たちの考えに共感してくださり、昨年(2008年)5月にはじめて一人の方を紹介してもらいました。それ以来、いろいろと支援させていただいています。

佐藤洋司(シェルター実践者)/私はホテルをやっています。あることが契機になって、高校のバレーのコーチをするようになりました。そこには問題をかかえた子が多かった関係で相談にのるようになり、その話が広がっていろんな事件の相談がくるようになりました。そんなことを6、7年やりましたかね。

ところが事件を起こすのはみんな夜が多いため、夜も眠れない。ボランティアもいいけれど自分の命が終わっちまうぞ、って家族が反対しだしました。それで、しばらく止めてたんですね。そんな時、茂さんのテレビを見てまた心が騒いだんです。それで、もう一回やろうと、東尋坊の茂さんの活動拠点に行ったんです。ちょうどその日、茂さんの所に自殺を思い止まった人がいた。そして、その人の面倒をみてくれないか、っていうことになり、その人を預かることになったんです。それが始まりです。

いろんな相談に乗っているなかで、私自身生きていく上で必要なことをいろいろと学ばせてもらっています。だから、そうした活動を通して、私も勉強させてもらっているな、っていう気がします。

佐藤修／やっていて自分も得ることがあるということですね。藤田さんもやってみて良かったことってありますよね。

藤田真宏／はい。でも最初は緊張の連続でした、私自身がもともとそういう気持ちがわからない人間だったので最初は緊張して夜も眠れない。はじめて受け入れさせてもらった時は、その人に2週間ずっとつきっきりでしたね。その人の笑顔が見えた時、やっと安心しました。

茂幸雄／こういう人たちがいるから、私は岩場で、死んだらあかんよって言えるんです。

佐藤修／こういう活動が広がっていくといいですよね。日原さん、今のお話を聞いていかがでしたか。行政だけではなかなかできないっていうこともありますよね。

日原和美／行政窓口での対応ですが、最初に帰るところがあるの？　って訊くんです。他に行くところがない、といった場合はその町で生活保護などの対応をするんですが、できれば本人によく聞いて、もう一度やり直せる場所があったらそこに帰ってがんばってくださいということになる。それが現状です。

シェルター役を担ってくれる人たちと行政がつながって、各々の役割を担っていく、そういうネットワークが広がるとそこを変えていける。このネットワークの広がりにとても期待しています。

佐藤修／シェルター的な活動をやっていて、いろいろ感じることはあるでしょうね。

藤田真宏／茂さんから、こういう人がいるが仕事があるか、と照会を受けて、仕事探しをします。会社の代表からは許可を得ているものの、自殺をしかけた人ということで、みんな何か特別な見方をしてしまうところがあるので、そこをどう理解してもらうかっていうことで苦労しました。

でも活動を続けていると、協力してくれる社員が少しずつ出てくる。周りの社員、会社のいろんな関係者、さらには派遣先の会社の人たち、と理解者が広がってきたのです。自殺を考えたといっても、私が接してきた人たちは特に変わっているわけではない。そうしたことがみんなわかってくると、シェルター役を果たしてくれるところが広がると思うんですね。接してみれば、普通の人と何も変わらないことがわかる。

正直言いまして、最初は僕も、自殺を考えた人を特別視し、いろんな不安もあった。でも、ただ最初の一人と2週間接するうちに、意外と何も変わらないんだなと思いました。

生活する上ではだれしも問題がある。会社をやめさせられちゃった、離婚をしてしまった、いろんなことがあるんですが、自殺を考えるというのも、そうしたいろいろなことの一つにすぎないのであって、僕にも起こりうることかもしれない。自殺というものは特別のことじゃないっていう意識になりました。

佐藤修／そこが今回のネットワークの大事なポイントの一つだと思います。意識を変えていくことが出発点かもしれません。

佐藤洋司／「がんばりな」っていうだけじゃなくて、それぞれの問題を考えてやることが必要です。自殺する原因としてお金とか心の悩みとかあるわけで、それを解決しないと働く場所が見つかっても、その悩みはなくならない。そういう面で、相談される人もある程度経験がないとむずかしい。サラ金などと話をするには勇気もいる。自分も商売をしているんで、嫌がらせされたらどうしようという不安もありました。そこまでボランティアでできる人となると、数も減るだろうし、いろんな難しいことがあると思います。

それで、私が心がけているのは、自分の家族だったらここはこうしなきゃだめだろう、っていうふうに自分の心に問いかけるようにしています。そうすると、だんだん先が開いてくる。

いまは、私のところで自立したら次のところで扱ってくれるところがある。いきなり自殺を思い止まった人を預かるのはよほど理解がないと難しいということもあるので、まずは私のところで何か月か働いて、それから酪農に行きたいなら酪農、農業やりたかったら農業というようにいろんなところがつながってくるといいですね。

藤藪庸一／私のところの活動は、近所の人たちが理解をしてくれているので続いているんだと思います。ある日、突然に知らない人が、うちで共同生活をはじめるわけですから、それまでぜんぜん見たこともない人が突然近所に住むわけです。

それで、僕は共同生活をする人たちに必ず言っていることがある。近所で会う人には必ず挨拶しよう。それが第一段階なんです。近所の人たちは知らない人がうちの教会や事務所の方から出てきて、何も言わないで通り過ぎていくと、気持ちが悪かったり怖かったりする。でも、そこでちょっと挨拶ができれば、次第に挨拶を返してくれるようになる。そのうち、言葉をかけてくるようになり、次第に受け入れられていくんですね。

2番目に言っているのが、近所の雑草抜きとか、道に落ちているゴミを拾うとか、できることをやろうっていうことです。そういうことをしていると、いつもありがとう、と言ってくれたりするおばちゃんが出てくる。そしてお礼までもらったりするようになる。そういうつながりというか、関わりがはじまると前向きになりやすい。明るくなっていくペースが早くなり、自立していくペースも早くなるんです。

■自殺を思い止まった人たちからの発言

佐藤修／ただ声をかけることだけでも非常に大きな支えになるということですね。それであれば私にも誰にもできます。ところで、今日は会場に、自殺を思い止まった人も参加しています。そこで、その体験をちょっとお話していただこうと思います。

Aさん／4、5年前にテレビで茂さんたちが保護した方の番組を見ていて、東尋坊にはこういう親身になって相談にのってくれる人がいるということを知っていたんです。最初は青木ヶ原に行くことも考えたんですけども、どこかに自分はまだ生きていたいっていう気持ちがあって、それで、東尋坊に行ったら茂さんに会えるかもしれない。もし茂さんがほんとうに親身になって相談に乗ってくれる人でなかったら、もうここで、と思っていたんです。

佐藤修／そこで茂さんに出会ったんですね。茂さんたちに出会ってどうでしたか?

Aさん／茂さんと福本さんと2時間くらいいろいろ話しまして、ああ、この人だったら自分の相談ごとにいろいろのってくれると思いました。私は小学校の頃に両親を病気で亡くしているんですが、もう最初会った時に本当に父親以上の存在に思いました。一番甘えたい時に両親を亡くしていますから、ずっと寂しい生活をおくってきました。おふくろも小学5年の時に急性心不全という病気で亡くしましたが、その時、親戚にしょうがねえから引き取ってやるって言われまして、高校を卒業させてもらいました。そんなことで、子どもの頃からずっといじめられてきましたし、あ、内容変わっちゃいましたね。

佐藤修／思い出させてしまいましたね。大丈夫ですか。ではBさんに少し話してもらいましょう。Bさんはどうして東尋坊に向かわれたんですか。

Bさん／私も最初は会社の旅行で東尋坊に行きました。その時はいいところだなと思いまして、その後も2、3回行きました。ところがその後、会社をリストラになりまして、いろいろとあって、もうこの際、東尋坊に行こうと思ったんです。そこで、声をかけられました。茂さんたちが活動されていることは知りませんでしたが、声をかけられて、もう全部打ち明けました。その時は心を救ってもらったようで、また生きようって考え直しました。

佐藤修／そうやって今、お二人とも元気でやられているわけですが、思い止まってから自分が元気になって、前に向かって進めるようになったのは、何が一番の理由だったでしょうか。

Bさん／自分は、それまで相談する人がだれもいなかったのですが、相談に乗ってくれる人たちができたということです。

Aさん／命の尊さの意味はいまだにわからないこともたくさんありますが、茂さんたちと接していて、生きたくても生きられないっていう人がこの世界には何百人何千人っているっていうことに気づかされました。やっぱり自分で深く考えなきゃいけないでしょうし。

佐藤修／少し前のご自分たちと同じような人に会ったら、何か言ってやりたいことはありますか。

Aさん／自分の体験話をしたからその人が自殺を思い止まるっていうことにはならないとは思いますけども、体験話をして、それが役に立てばと思います。

いま年間3万人を超える自殺者がいるわけですから、わが身にいつ降りかかってくるかもしれない。でもみんな、自殺はだれか他の人のことだと思っている。自分にもつながっている問題だと思えば、他の人と協力していこうっていう姿勢がでてくる。支えあって生きていくのが人間であって、誰であろうとやっぱり一人だけの力では生きてはいけません。シェルター的な施設がたくさんできることも願っています。

Bさん／今年の3月から4月にかけて自分はホームレスになったのですが、たまたま道で受け取った紙に寮のことが書いてあった。それで、上野の市役所まで行って、その寮に入れました。無料なんです。そのおかげで、今は勤められているんです。でもその寮はあと1か月位で出なくちゃいけない。そういう場所がもっと増えたらいいいと思います。

藤田真宏／働く場での人の意識もそうですけど、それよりももっと根源にあるのは教育ではないかと思います。道徳とかそういうものが、今の日本から消えつつある。仕事も大切ですけど、そういう根っこある教育という問題にどうしてもたどりついてしまいます。

日原和美／みなさんのお話を伺っていて、命の重さというのを本当に強く感じました。私どものところでは、つながり、声かけ、そういった人と人とのつながりから活動を進めていくということで、ボランティア養成講座をやっているわけですが、今年は120人の受講者がございました。さらに民宿や旅館をやっている人たちを対象にした出前講座を考えています。地域の方たちにそういう気持ちや意識を持っていただいて、声をかけていく、そうした地域の力を強めていきたいというふうに考えています。

藤藪庸一／私がいつも思っていることは、行政の方々が担当する範囲、責任をもってもらう範囲と、私たち市民が責任をもたなければいけない範囲とを、もう少し明確にしていくのがいいのではないかということです。行政ですべてをやらなきゃいけないと言い始めると、それは絶対に無理だと思います。行政はどうしても平等にと考えなくてはいけないのですが、自殺の問題は絶対に平等になんて扱える問題ではない。必ずそこにひずみがくる。でも、私たちみんなが関わっていこうと考えて行動を起こしていけば、行政にとっては大きな力になっていく。行政では手をだせない隙間に、私たちは入っていけるんじゃないかなと思っています。

佐藤修／道徳とか教育という言葉がでましたけれども、藤藪さんがおっしゃったように、道徳とか教育といわなくても、私たち一人ひとりの生き方とか考え方をちょっと変えるだけで、できることはたくさんあるということですね。行政のせいにしたり、企業のせいにしたり、ではなくて、行政のやれること、企業のやれること、NPOのやれること…と。

藤藪庸一／そうです。そして私たちのやれることがたくさんある。

茂幸雄／私の活動がテレビにでると、全国から自殺企図者がたくさん集まってくる。それで地元の行政から、お前もうテレビに出るな、新聞に出るな、町がパニックになってしまう、と言われています。地元としての大変さもわかるんです。しかしこれは人命救助ではないのか。人間として人を助けるということは最高の喜びのはずなんですね。そうでなければいけない。国民の奉仕者であるべき公務員として、最高の奉仕ができるのではないか。

もし川で人がおぼれていたらその人を助ける、でもそれだけが人命救助ではないということを、もっともっと世間の人にわかっていただきたい。シェルターの人たちがやっていることも人命救助だと思います。

どこの地域にも、相談に乗ってもらえる人を求めている人がいる。「死んだらあかんよ！」ということで、その悩みごとを聞いてやり、その後を支えることができれば、みんな元気で再出発できるんです。それも人命救助です。

声をかけるのはたいして難しい活動ではないのです。ものすごく大変なことだと思うでしょうが、彼らだって生きたいんですから、自分でがんばらなあかんという気持ちが十分にあります。ですから、なにもかもおんぶにだっこしてくれといってくるようなことはありません。みなさんが頭で考えていることと現実の中に大きな違いがあると思います。

■自殺のない社会に向けて

佐藤修／ところで、今日は「自殺多発場所での活動者サミット」となっていますが、自殺多発場所というのは、新聞で話題になるようなところだけではない。自殺多発場所ということももっと広い視点でとらえなければいけない。自殺多発場所をどう考えるか、そのあたりを事務局長の福山さんからお話しいただけないでしょうか。

福山なおみ（「自殺のない社会づくりネットワーク」事務局長）／調査でも出ていますが、ある県では自殺の6割以上が自宅や納屋であったりしています。また地元ではうわさになっているところもありますが、そうした場はなかなか話題にはならない、というか、そうした情報はなかなか外部には出てこない。

メディアの影響は非常に大きいですが、残念なのは、メディアで放映されないと支援の目が向けられずに、報道されて有名になったところしか支援がない。それは大きな問題ではないかと思います。

ですから、ゲートキーパーとして活動している人、自殺未遂を体験された人、それからシェルターとして支援されている人、こういった人たちの真の思いを聞きながら、私たちが、たとえば家であったり、学校であったり、職場であったり、病院であったり、さまざまな暮らしの場や職場で、みんなが自分にできることを考える。そしてつながるだけではなく、実際に支えあう行動に移していかないとこの問題はなかなか解決しないのではないかと考えています。

佐藤修／このネットワークが考える自殺多発場所というのは日本中いたるところで、どこからも自殺をなくしていきたい、ということですね。逆に言えば、いたるところで茂さんや藤藪さんのような活動ができるということでもある。

日原和美／話題になるところばかりが自殺の場所ではないということが本当にわかります。子どもたちの教育の時点で、命を大切にするということをしっかりと伝えて、どんな時にも、どんなことがあってもそういう思いをもって生きていくことが大切だということを伝えていくことも、自殺防止の活動ではないか。

地域の皆様と力をあわせて、地域の力で少しでも自殺企図者に声かけをして救えるような地域づくりをしていきたい。青木ヶ原樹海は、命を捨てる場所ではなくて大自然の命が生まれたところ、本当に心癒される場所というように、とってもいいイメージを持っていただき、心を癒されるために、命をいただくために訪れてみたい場所にしていきたいと思っています。

藤藪庸一／私たちも予防という視点から、地域の大人で子どもを育てるということを通して、子どものうちから人間の関わりが豊かな地域をつくりあげたいと思って活動しています。

茂幸雄／東尋坊に集まってくる人の9割以上が県外の人です。いくら水際で対策をしたってあかんのですよ。川上から流れてくるんですから。だから私はこの岩場から読み取れたことを全国の人に発信して、各地域でその対策をしてほしい、と言いたい。自殺しようとしている人、悩んでいる人、そういう人たちの声を聴かずして、自殺防止対策がたてられるのか。今日は行政の方も参加されていますので、そのことをぜひ考えていただきたい。

今日はシェルターの人も見えていますが、自殺企図者に対する自立支援センター、支援施設、それがなぜできないのか。そういう施設を各都道府県に1か所はほしい。すでにそうした活動に取り組んでいるボランティア組織にその事業を委託してもらえたらと思っています。いまはみなさんが手弁当でやってくれている。今年、100億円ですか、国から基金が出されました。その基金を、再出発を支援しているシェルターに提供して、自殺企図者の自立支援センターにしていく。行政も含めて、社会全体でそういう対策をしていけば、自殺はもっともっと減ると思っています。

■それぞれができることをやっていこう

以上が第一部のあらましですが、これに続いて、第二部では会場からさまざまな意見を出してもらいました。口火を切ってくれたのは、NPO法人自殺防止ネットワーク風理事長の篠原鋭一さんでした。

篠原さんは、「このサミットの目的は自殺多発場所に行く前にどう止めるかということだ」と話し出し、そのために自分たちは全国のお寺に呼びかけて、各都道府県に2か所から5か所の相談窓口ならびにシェルターをつくろうということを目指しているというお話をしてくれました。

引き続き、さまざまな意見が出されましたが、他人事で語るのではなく、自分でできることは何かを意識しての発言にしてもらうことで、今回の集まりが「実践」を重視するものであることを共有してもらいました。自殺の問題は、「観察者的に」に語る時期はとっくにすぎています。

第一部で提案のあった茂さんの「自殺企図者の自立支援センター」への賛成意見も出されました。こうした大きな活動は行政に期待しないといけないことですが、自治体単位でできることも少なくありません。

市会議員をされている二人の方からの発言もありました。一人の方は、「私たち、地方政治家もぜひ使ってほしい」と訴え、もう一人の方は「地域の支え合い、自分たちの地域の問題だと改めて思いました。私も地域で行動していきたい」と話してくれました。

自殺対策の相談窓口の冊子を精神科医クリニックのロビーなど、いろいろなところにもっとおけるように働きかけたらどうかという意見も出されました。そういうわかりやすい情報を、市民ネットワークを広げていくことで、もっとみんなに伝えていくことも、このネットワークでできることかもしれません。

ともかく流れを変えなくてはいけません。

生活保護を受けているという参加者からは、その大変さを正直に話してくれた後、「私ももちろん死にたい気持ちになっていたことは幾度となくありますけれども、私のような人間でも、自分自身の予防のためにという意味も含めて、何か出来ることがあればと思って、今日は参加させていただきました」という発言に会場から思わず拍手が起こるという場面もありました。

声をかけることの大切さはわかっているが、なかなか声をかけられないという意見もありました。でもそこで終わると今までと一緒です。だから声をかけられる人から声をかけよう、というのが今回の呼びかけでした。まずは、声をかけにくいと思わないでほしい、報道の人たちも、特別な物語をつくりだすのではなくて、もっとみんなの隣にある話だということをきちんと伝えてほしいと、私から話させてもらいました。

最後にネットワーク事務局長の福山さんからこれからのネットワークの活動についての呼びかけがあり、続いてネットワーク代表の茂さんが「ハチドリのひとしずく」の寓話を読み上げました。「自分のできることを着実に行う」、これがこのネットワークの理念です。茂さんはそれを踏まえて、参加者のみなさんに「できることをなにかひとつ行動に移していただけたらなあ」と呼びかけ、それでこの感動的なサミットは終わりました。

しかし、それは同時に新しいネットワークの活動の始まりでもあります。その後、さまざまな交流会が広がりだしています。シェルター活動をテーマにしたフォーラムの開催も予定されています。

自殺対策に関しては社会の関心も高まり、法制度もかなり整備されてきました。しかしそれで「自殺のない社会」が実現できるわけではありません。自殺を多発させるような社会のあり方や、その社会をつくっている私たち一人ひとりの生き方が変わらなければ、茂さんたちの活動がただ忙しくなるだけかもしれません。

今回のサミットは、自殺をテーマにした集まりでしたが、さまざまな人たちがそうしたことを意識し、「自殺のない社会」つまり「みんなが気持ちよく暮らせる社会」に向けて、自分に何ができるかを問い直す、画期的な集まりだったのではないかと思います。

すでにそこからいくつかの新しい物語が生まれだしています。

第7章

シェルター・ネットワークの構築

●東尋坊の海原を遠く望む

シェルター・ネットワークの事例と対応

私たちがやっている自殺防止活動で、欠くことのできないものがあります。

それはシェルターです。

岩場で遭遇した自殺企図者を説得し、一旦自殺することを諦めてもらっても、その人には次のステップを用意しておかなければならないのです。それは、再出発するまでの間、生活するためのアパートなどの住居が必要であり、所持金の持ち合わせがないためその日からの生活費を提供する必要もあります。

自殺企図者とホームレスとは大きな違いがあります。

自殺企図者の方は、

- 独りぼっちだ。（無縁社会・隔離社会）
- 迷惑人間だ。
- 自分の将来に光が見えない。
- この世に、何の未練もなくなった。
- この世に、逃げ場がない。
- 毎日が苦しく、早く楽になりたい。
- これ以上恥をさらして生きていけない。
- 死んで、お詫びをしたい。
- 死んで保険金を頂き、家族を守りたい。

などの理由で、死を選んで行動していますが、この時の最後の心の叫び声は、

- 死ぬのは怖い。誰か助けてください！

●できるものなら、環境を変えてもう一度人生をやり直したい。
●もう一度、人生をやり直しすることができるのなら、なんのシガラミもない、なるべく故郷から遠く離れた場所から再出発をしたい。(例えば北海道や沖縄)

と、叫んでいるのです。

この三つの〝心の叫び〟に応えられたとき、人生の再出発が果たせます。

私たちは今日までに241人の自殺企図者と遭遇してきました。そして、少しでもこれらの声に応えようと努力してきました。

あなたならどうしますか?

もし、あなたが、ある日の夕暮れ時に山岳地帯をドライブしていたとします。渓谷に架けられている吊り橋付近を通行中に、その橋のたもとに一人の女性がうずくまっていました。その女性が、今まさにその吊り橋から飛び落りようとしていたら、あなたはどうしますか? 恐らく、その女性に近づき、

ここで、何をしていますか?

飛び込んではダメですよ!

と声をかけると思います。そして、その人から話を聞くと、

もう、どうなっても良いんです、放っといてください!

と言われたら、あなたはどうしますか?

ここから先のやり方が大きく分かれるとこ

ろだと思います。もしその女性から、
　警察へ連れて行くのならここで死にます。

警察だけは絶対に嫌！

　私は子どもの頃に薬物に手を染めたため、両親に親子の縁を切られて家出し、親戚との付き合いもなくなり、友達を裏切ったことから友達もなくなり、男に騙されて子供を産み、施設に預けて子供の成長を夢見て風俗店で働いていましたが、先だって店長から「お前なんかもう来なくても良い、寮から出て行け！」と言われたため、もう何処へも行くところがなくなり死にたいんです。

　と、泣いて訴えられたら、あなたならどうしますか？


　この様な生活が続き、毎日が苦しくなり死だけを考えて行動に移す人が現実にいます。

　この様な人を見つけた時、私たちは以下の措置をしています。
●家族に連絡して、保護をお願いします。
　家族又は親戚の人には必ず連絡します。
●警察にも通報します。
　指名手配や家出人として捜索願が出されていることもあるため、家族などに連絡が取れない場合は必ず通報します。
●当面の生活の場と食事を提供しています。
　緊急避難場所を確保し、１ヵ月を目処とした全面的な当座の生活支援をしています。この場合、全国の方々から頂いた浄財や送られてきた物品を提供し、生活の足しにしてもらっています。

資金不足になった場合は、自助努力で資金を捻出しています。

●再出発するためのシェルターを紹介します。

自殺企図者を理解してくれる里親的な方を募っており、再出発する場所として住み込みで働ける場所を紹介しています。

●再出発

東尋坊から再出発するためのお手伝いをしています。

シェルターの事例1

先ほどの想定事例にあった女性については、群馬県の山村で某ホテルを経営している方に繋ぎ、ホテルの下働きをして約半年間働いて貯金も30万円ほど貯まり、家族の元に戻って行かれました。

シェルターの事例2

関西地方の42歳、男性、元理髪店経営

妻子がいましたが髪結いの亭主と言われるように、女遊びが激しいため離婚され、無一文になって家を追い出されて約3年間、再三女に振られ、友の家を転々とするフーテン生活が続きました。自分のプライドの高さから元妻に泣きを入れることもできず、前途を悲観して自殺を考えて岩場に立ったところを発見され、以降約3ヶ月のシェルター暮らしをしながらアルバイトとして高原温泉旅館の下働きや設備会社の土木工として日銭を稼ぐ生活から元気が戻りました。

しかし、アルバイトという不安定な生活から脱するためにハローワークへ日参したのですが、折からの大不況で転職することも出来ませんでした。

その時、奈良県内で中華料理店を経営している方から「屋台ラーメンを運用してくれる人がいたらお世話したい」との申し出を受けていたため、そのお店のお世話を頂くことになりました。

しかし、約半年間の住み込み生活でわがままが出はじめ、お客の主婦に甘い言葉をかけて近寄るなど、小さな町での噂話となり居辛くなってしまったのです。

そこで、店主の計らいでコンビニ店の副支配人として転職することができましたが、その時、幼馴染みの旧友との親交が深まり、旧友が経営する衣類販売店の手伝いをすることになり再出発を果たしています。

シェルターの事例3

千葉県出身の33歳、男性、元公務員

職場内でのパワハラからうつ病となり、投げやりで短気な性格から親の意見も聞かずに公務員生活を約5年で辞めてしまいました。

その後、本人の意地でネットカフェを根城として約1年間派遣社員として働いていたのですが仕事もなくなり、貯金も底をついてしまいます。自分の意地から親元に帰ることもできず、岩場に立ってしまい、我々に保護されて約半月後にシェルターとして申し出を受けていた埼玉県のコンクリート製造会社の検査員として住み込みでお世話を受けることになりました。

　しかし、約半年間検査員として気の荒い同僚たちと共に生活をしていたのですが、本人の気の弱さから2～3回職場を飛び出し、仲間に見付けられ連れ戻されることが続きました。さらに親方の親切心から技師としての国家試験にも挑戦させていただいたのですが不合格となってしまったのです。

　この事が再び自信喪失となって今度は部屋に閉じこもる日々が続き、仕事にも行かなくなったことから社長の計らいで近くの製材所で働くことになりました。が再びそこを飛び出し、現在関西地方の派遣社員として部品工場で再出発を果たしています。

シェルターの事例4

　愛知県出身の45歳、男性、元会社員、窃盗の前科あり
　両親が病死して天涯孤独となり、20代の時に悪友仲間と窃盗3回を繰り返し懲役1年の刑を務めて保護厚生施設で約半年間生活をしていました。しかし職にも就けず、ニート生活から疲れ果てて岩場に立って我々に見付かり、約1ヶ月間のシェルター生活が続きました。
　しかし、各シェルターから窃盗の前科と薬物の前科がある人だけはお断りするとの申し出を受けていたことから職にも就けなかったのです。
　ところが、人材派遣会社の社長のご理解から、石川県内にある旅館へ。年末の忙しい時

期でもあり猫の手も借りたい時であったことから、臨時に1ヵ月間使ってみるとの申し出を受けて、旅館の中番として働きはじめて早や4ヶ月が経過しようとしています。

●ここのシェルターの主人から、

彼は毎日喜んで働いてくれており、普通の素人さんよりはましだ。長期間の無職生活から職に就けたことが本人の励みになり、一番心配していた窃盗事件もなく、彼女もできたみたいで、自分の生活の建て直しを真剣に考えているようだ。

との中間報告は受けましたが、それでも一方職場内での人間関係がうまくいかず、時々仲間と口喧嘩もしているようで、貯金も少し貯まったことから飛び出すのも時間の問題ではと心配しているとのことでした。

シェルターの事例5

関東出身の33歳、男性、元飲食店店員

両親の離婚から母親に引き取られたものの母親が中学3年の時に病死、以降母親の兄である伯父さんに引き取られて高校卒業まで面倒をみてもらいました。

高校を卒業して最終的にキャバクラの店員として働いていた時に彼女ができたのですが、その彼女が1年前に自殺してしまい、以降人生を転がり落ちるような状態となり、厭世感が強くなって彼女が亡くなった岩場で花束を持って立っていたところ我々と遭遇し、約2年間、我々のシェルターでアルバイト先を3ヶ所変えながら生活を続けていました。

ところが、折からの大不況で職もなくなり、その日の生活にも事欠く状態となり、生活保護の申請をしたもののきっぱり断られたことからヤケクソになり、些細なことから暴力事件まで起こしてしまい警察沙汰になりました。

　しかし、仲間内による喧嘩であったとのことで検察庁から起訴猶予の通知を受け元気が戻り、シェルターとして申し出を受けていた愛知県の人材派遣会社に住み込みで働くことができました。その後生来のパニック障害が出て職場も3ヶ所転々とし、次長さんの計らいにより、やっと本人の適職と思われるパチンコ台の組み立て工として働き始め、同社の正社員になって月給20万円程度を頂いて再スタートを果たしています。

シェルターとして応募してくれた人たちの苦労

テレビを見てとか、新聞を読んで、本を読んで感動したので何かお手伝いしたいなどと言って、里親に応募して下さる方が大勢いることに驚いています。

　お米を運んでくれる人、大根などの野菜を運んでくれる人、衣類を持ち込んでくれる人など、日用品・食品を持ってきてくれる人もおり、また、転勤族であるため3年間家を空けるので無料で家を使ってくださいと言ってくれる人もいました。

　また、自分は独り暮らしで高齢になったため友人が欲しいので誰か男性を紹介して欲しいと言って、1週間ほど福井に滞在し、一人の男性を連れて帰って行かれた方もいました。

　また、自分の家族が自殺しました、あの時、茂さんたちに遭っていたら自殺なんかしなかったと思います。今後もこの活動を続けてくださいと言って、ポンと数十万円を寄付して下さる方もおり、コツコツと貯めたお金ですと言って貯金箱を持って来られる方、自分の檀家さんから寄付を募りましたと言ってお金を持って来てくださったお坊さんなど、本当に心の温まる想いをさせてもらっています。

　この様に、多くの方たちからの温かい愛の手に支えられており、多くの方たちの手によって多くの〝命〟が守られているのであり、私たちはその繋ぎ役をさせていただいているのです。活動を開始して今日現在までに241人（2010年3月10日現在）の方と遭遇し、私たちの知る限りでは全員が元気で暮らしています。そして私たちも、遭遇者の方たちも「自助・共助・公助」の、この3つの助けに支えられていることを肌で感じています。

　この感動を、自殺を考えている皆さんにお届けしたいと思っています。

　この活動を続けていて、「食・衣・住・職」の4つの提供があれば〝誰も死ななくても済む〟という事を私たちは実感しています。今、5つのシェルターさんの事例を紹介しましたが、〝生きて行く〟ためには「生活する場所」と「働く場所」が必要です。一時的に生き延びたとしても、生活する場所がなければ数ヶ月で息絶えてしまいます。

　そんな中で、一番大切なことは人間愛、家

族愛、地域愛、職場愛であり、その人を取り巻く人たちとの〝絆〟だと思います。

●働く場所を提供して下さったシェルターさんたちの苦労

●彼らはホームレスではないのです。ああして欲しい、こうして欲しいなどの要求も殆どしません。

●一般労働者ではないのです。挫折感を抱いており、愛情に飢えているため、今いち勤労意欲が湧かないのです。

●〝死にたい〟などと口走らないのです。相手に対する思いやりの心が強く、死にたいという脅迫的な言葉は吐きません。

●家族・家庭を持ちたいのです。

一家団らんの幸せそうな家族の姿を見ると寂しくなり、幸せそうな家族の姿は目にしたくないのです。

●一心不乱になって働きます。時には、自分を忘れるために夢中になって働きます。

●避難場所が欲しいのです。休憩場所が欲しいのです。自分の安住の場所が欲しいのです。

●良き理解者が欲しいのです。孤独から解放して欲しいのです。何か夢中になれるものが欲しいのです。

●人生の落伍者であると思っています。常に、自分を卑下しています。

〈◉こんな性格の持ち主であるため、シェルターに入ると次の苦労が待ち構えています。〉

●理由なく職場を放棄します。

●部屋に閉じこもります。

●与えられた仕事は自分の適職ではないと考え、すぐ転職を希望します。

●周囲の雰囲気に慣れてくると自分の立場を忘れて我がままが出てきます。

●同情されることを嫌います。

●恩を着せられるのを嫌います。

●噂話を気にします。

●今に見ておれ！　との気持ちが旺盛で短期勝負に挑みます。

●時の経過により助けてもらったことの恩の気持ちが薄らいできて、底辺生活から脱出したくなり、その心の葛藤が行動となって見え隠れしてきます。

●この世の中で、どんな悩み事でも死ななくても済むものだと気付きます。そして、自殺する勇気が無くなります。

自殺を考えて行動した自殺企図者であっても、暫くの休息所を提供することにより、彼らが悩んでいた諸々の出来事を客観的に見る事ができるようになり、命まで落とす必要はない事に気づき始めます。

すると、今まで自殺を考えていた事がアホらしくなるのです。それは、こんな自分であっても助けてくれる人がこの世の中にいる、自分にもこの世に休憩所がある、そんな現実に喜びを感じ、生きて行く勇気が湧いてくるのです。この世は、冷たい人ばかりではないことに気づくのです。

ちょっとしたことで、皆さんの愛情を肌で感じて感動してくれます。

自殺まで考えた人であっても、生きて行くだけの忍耐力が全員にあります。

シェルターさんたちは、この人たちを特別視せずに接して欲しいのです。

また、何も特別な事はしなくても良いのです。

彼らは愛情に飢えているのです。

一時的に自殺を考えただけです。

シェルターさんは、里親になった気持ちになって休憩場所を提供してあげていただければ、彼らは見事に生き返るのです。自殺企図者は〝死にたくない〟そして〝出来ることならもう一度頑張りたい〟と、常に心で叫んでいるため、この叫び声を信じて寄り添ってあげれば良いのです。

そして、相手の気持ちの動揺をいち早く察知し、その時々に応じた早めの対応により〝寄り添い過ぎず、離れ過ぎない〟適当な間隔を持って対応すれば、全員が元の元気が蘇ってきて第二の人生に向かって羽ばたけるのです。

シェルターさんは、例え相手と喧嘩別れとなり、相手に逃げて行かれても、それは相手が自力で立ち上がって行った…、との喜びがあとから湧いてくるといいます。羽ばたくとき、〝辛くなったら、何時でも戻って来いよ〟という温かい気持ちを別れのときに相手に伝えて欲しいと思います。

冬になると、シベリアからオオミズナギという特別天然記念物の渡り鳥が日本海を渡ってきて、日本海の浜辺で息も絶えだえになって羽根を休めています。こんな鳥でさえも緊急避難場所があります。

この複雑な人間社会にあっては、人間にとって当然に避難場所が必要です。そこで、国民の命を守るために、自治体にあっては、生活保護を適用すると財政が困窮する等と言って手をこまねいて切り捨てを考えるのではなく、地域力を信用し多くの心温まる声かけをして「住宅・衣類・食事・職業・浄財」などの寄附を求めて、里親になってくれる人を募集し、共助・互助・公助の手を差し延べるべきだと思います。職業安定法第33条にも自治体による職業紹介事業が認められています。自治体が指導力を持ちシェルターになってもらえるボランティアさんを募集して国民による共助精神を鼓舞するシェルター・ネットワークを創設し、国民が健康で生きがいを持って暮らすことの出来る社会の実現に寄与して頂きたいものです。

第8章

自殺防止活動が、いまだに理解されないのは何故？

●パトロールでは岩場・海原を細かくチェック

結論から言いますと、自殺を食い止めるには、大きな資金や人件費がかかり、この対策に取り組んでも速効性が無く、息の長い事業となるため、行政による施策から敬遠されているからだと思います。自立支援施設の創設や生活保護費の捻出、さらにはケースワーカーやカウンセラーなど多くの人材が必要です。

日本における年間3万人以上の自殺者をGDPで算出すると1兆円の損失を生んでいると唱えている経済学者もいます。

また昨今の地方自治体の財政困窮の中で、法律によって県外に居住している自殺企図者に対してまで、現在地を管轄する自治体が保護をしなければならないのであって、地方自治体は大きな財政負担を負わされている実態があります。

生活保護法（第19条抜粋）で、「居住地のない要保護者（保護を必要とする状態にある者）にあっては、現在地を有する自治体は保護を決定し、実施しなければならない…云々。」

また、「自殺の名所」として全国に知れわたった場合、自殺多発場所を擁している自治体は、全国から自殺企図者が集中してくるのではないかとの懸念から、その集中を恐れ、事実を隠すために報道規制を敷くなどの工作にも奔走しています。そして、「国民の命を守る」ことと「自治体の財政を守ること」の二つを天秤にかけ、その結果、国民の命が犠牲になっている現実があるのです。

ここで大切なのは、国および地方自治体へは「自殺企図者の命を救う」即ち「国民の命を守る」ことが、国民が自治体に付託している権限行使のうちで最も期待をしていることであるということです。自殺防止活動は「人命救助活動である」との基本原則に則り、自治体の首長が頭の切り替えをしない限り、お題目だけを唱えている偽善国家・偽善自治体為政者になってしまうと思います。

この実態を裏付ける資料として、次の通り、自殺者からの遺書が届いています。

【手紙の全文】（※公表することについて、遺族の承諾を得ています。）

前略　先日は私達二人の生命を助けて下さって有難とうございました。助言いただいたとおり、金沢市役所にて老人施設による保護をお願いし、私が働いて迎えに行く事をお願い致しましたが、「当県の者が入居できないのに他県の者などもってのほか…」等と簡単に一人一金５００円の交通費で追い払われて、次は小矢部へどうぞと言われて行きますと、「はい５００円ずつ」。

次は富山です。魚津では泊（朝日町役場）で１日が終わり、次は糸魚川の駅前で野宿をして朝、糸魚川に行きますと、本日は役所は休みですと警備員に言われ、交通費の話をすると、「何だ、放浪者の金か！」と言われ、さすがムッとしましたが、このままやめては…、せっかく助けて下さったことを思い出し、「すみませんが雷雨なのでいらない傘を頂けませんでしょうか」と言うと、「何だ、2本もいるのか、良い物着ているのに！」と言われたので、おばさんも「好きでやっているんじゃない！」と言って立ち去りました。

次の直江津では、うちは400円しか出せないと言われ、服装と荷物の確認をして信越廻りで帰るよう指示されました。「いらぬお世話」で所持金のマイナスが出ますが、柏崎までまいり、柏崎市役所に行きますと、一人700円ですと渡されました。

その日終電車で次の長岡市へとまいり、今度は、市役所まで徒歩で30分位かけて行きますと、小千谷までの運賃として一人分金320円ずつ戴きました。

3日3晩、野宿で頑張ってまいりましたが「もうこのへんが辛棒の潮時」と諦めました。

思えば三国で「死ぬならどうぞ」と言われ、副署長さん以下の人に相談し、東京に帰京しようと決意致しましたが一人500円の「乗り継ぎ人生」もいよいよこの長岡で力つきてしまいました。

行く先々での「白い目と足が痛くて」死ぬ気になった女の方は、「なお痛さが増し続け」、二人にて「長岡が最終の地」と決断致しました。

「過酷な旅」となりましたが、頑張り続けた二人の努力は認めて下さい。

相談しようと三国署に行った際は、もう一度東尋坊より自殺しようと決めていた二人が、皆様の励ましのお言葉に頑張り直そうと再出発致しましたが、「いかに普通の人間にも苦しい旅」に…疲れ果てた二人にはとうてい「戦っていく」気力は有りません。

保健所か福祉の人に「死ぬならどうぞ」と言われた言葉と、心から努力して頂いた三国署の副署長さん以下の皆さんの御心はこれから先死んでも忘れることはないと思います。しかし、この道中は福井から東京では、他の人でも「辿り着けない」かなり難しい道のりかと思います。

せっかく「死ぬのが恐ろしくなっていた」二人でしたが、今一度決意致しました。「絶望の日々」により「希望をめざす心」など「粉々に砕く」にはさして日数はかかりませんでした。

これから、この様な人間が三国に現れて同じ道のりを歩むことのないように二人とも祈ってやみません。

平成十五年九月七日

三国警察署　副署長　　茂　幸雄　様

わたしからも、有難う御座いました。（女性が自書したもの。）

この手紙を手にした者として、これが今現在の日本における福祉事業の実態であり、この実態を知った私として、このまま知らん顔をしてこの場から逃げると引き続き多くの人命が失われていくことを思った時、誰かが行動を起こさないといけないと思ったのであり、血の通っている人間だったら誰もが当然のこととして動き出したくなると思いました。

自殺の名所を擁している地方自治体にあっては、その声を上げることにより自殺企図者が集まって来て大きな経済的負担を負わされる虞《おそれ》があるため、この問題については触《ふ》れず触《さわ》らず動かずに放置する「禁断の果実」、即ち、何も行わない禁制区域・聖域として放置されてきたものと思います。

この対策を担当すべき責任者が、何の対策も講じず、何の保護の手も差し伸べずに放置しておく行為は殺人罪にも匹敵する重要な犯罪行為、即ち、刑法第218条「保護責任者遺棄罪　保護する責任のある者がこれらの者を遺棄し、又はその生存に必要な保護をしなかったときは…云々」となり、法律違反になる虞があると思います。

国民の命は、国の財産であり、国の宝物であるはずです。そのため、窮状に置かれている国民に、国が親となった「国親思想」に基づいて保護の手を差し伸べるべきです。しかし、悲しいことには今に至ってもまだこの実態を隠し通そうとしている自治体があります。

例え県外者であっても、自分の町に立ち寄った要保護者については自分の自治体で負担しましょうと立ち上がった町もあります。それは「青木ヶ原樹海」を擁している山梨県の河口湖町であり、「三段壁」を擁している和歌山県の白浜町の自治体です。

日本で、二番目に多い自殺場所と言われている自殺多発場所（自殺の名所）を擁している福井県・東尋坊を管轄する自治体にあっては、地元で活動している3団体の連名で全国のマスコミ本社に対して次の「要望書」が発せられましたのでご紹介します。

2009年12月14日

編集、報道、制作担当局(部)長　殿

要　望　書

日頃は、報道関係各位には、観光地東尋坊の広報にご協力いただき誠にありがとうございます。

さて、当協会、自治会、警察署協議会は、「安全で安心な観光地づくり対策会議」の一員として、東尋坊における自殺防止などの諸対策を検討しておりますが、自殺防止に関する報道について要望書を提出させていただきます。

東尋坊につきましては、世界有数の安山岩柱状節理の奇勝として報道をしていただく一方で、一部報道機関により自殺に関する報道がなされております。

しかしながら、この自殺に関する報道が当地において尊い人命が失われる一因となっている実態もあると考えております。

具体的に申しますと、本年に入り11月末で１５１名の自殺企図者が東尋坊周辺で保護されておりますが、これらの方からの聞き取り調査の結果、半数近くから「テレビ等の報道により東尋坊という地名や自殺の名所という事を知り、死に場所として選んだ。」との回答を得ているそうです。もとより、自殺本人から聞き取りをすることは困難でございますが、同様のことがあるものと考えております。

ここ数年、当観光協会、坂井市、坂井西警察署などでは、東尋坊において「光の効果を発揮させる照明灯の増設」、「救いの電話」、「パトロールの強化」、「自殺企図者の心情に訴える陶板作品の掲示」など、官民一体となって懸命に自殺防止対策を強化しているところであり、これらの効果から、数年前に比べ自殺者が確実に減少しております。

今後も、看板を設置し東尋坊全域を「夜間立ち入り禁止」とするなどの対策を検討しているところです。

貴職には、東尋坊における関係機関の取り組みが奏功し、これ以上尊い人命が失われることがないように、国民の知る権利や報道の自由を勘案しつつ、次のことについてご配慮をしていただきたいのです。

テレビ・新聞での報道については、自殺しようとする者が当該番組、記事を見ていることを前提に、

○特定の地名を印象づけることがないよう配慮した報道
○どうしても特定の地名を言わなければならない場合は、当該地域においては各種対策により自殺が極めて困難な状況になっている事実
　また、当地においては、自殺に失敗して命は救われたものの大怪我をするなど飛び降り自殺の悲惨な実態に関する報道
※本年、岩場から飛び降りるなどして5名が負傷
○報道の最後又は常時表示するテロップなどで、「全国の相談電話」「地元自治体などの相談電話・窓口（各ローカル局単位など）」などの表示
○自殺者に、自殺を思い止まらせるよう語りかける報道
をお願いいたします。

年間3万人以上にも上る自殺者を減少させようと、国や地方自治体を始めとする機関・団体では、自殺対策を喫緊の課題として取り組んでおります。
そうした中、私達も、当地東尋坊だけでなく全国の自殺多発箇所と言われている場所において、「一人でも尊い人命が救われること」を切に願っており、今回、地元の総意として要望書を提出させていただいた次第です。
ご協力いただきますようお願い申しあげます。

以上

この要望書を入手し、現場で自殺防止活動をしている者として、次の反論文を発信しました。

2009年12月22日

編集、報道、制作担当局(部)長　殿
(各局・社名省略)

2009年12月14日付けで福井県・東尋坊を擁している3団体から発信された「要望書」の取扱

いについて。

報道機関の使命により、次の理由から今後も毅然とした態度で報道を続けることを切望します。

記

1「自殺に関する報道が当地において尊い人命が失われる一因になっている…云々」について

要望者らは、これまで東尋坊を「自殺の名所」として観光客を呼び込む宣伝活動をしてきた事実に所以しています。

もし要望書を提出するなら、東尋坊での自殺防止対策を講じた結果に寄るべきであり、今回の要望は言語道断だと思います。

2「本年11月末で151名の自殺企図者を保護した…云々」について

これは、地元先人からの過去の遺産に拠ります。

東尋坊を目指して自殺企図者が来る心情は、自分の人生に決着を付けるため（「自死か」「再起か」）であり、東尋坊は最後の決断場所となっています。

この様な自殺多発場所では、監視用カメラを設置するなどして危険場所への立ち入りを禁止し、恒常的なパトロールを行い、水際に相談所を設け、その後の支援対策を構じるべきですが、これらの対策について6年前から60回以上にわたり要望書（陳情書、自殺防止対策速報）などを地元自治体などに提出していますが、未だに手付かずの状態で放置されています。

3　「照明灯の増加、救いの電話、パトロールの強化、陶板作品の掲示」について

●「照明灯の増加」：危険か所を明るくすると夜間でも日本海に飛び込むことができます。この対策は愚者の考えであり、逆効果を呈しています。

※自殺防止には「青色照明」が効果的だと、奈良県やJR西日本・阪和鉄道などの踏切で採用されており、その効果が実証されています。

明るい照明は自殺多発場所では自殺を誘発することとなり、併せてパトロールを強化しないと逆効果になります。犯罪防止には有効です。

●「救いの電話」：悩み事相談所や関係機関に直結する直通電話が必要です。

●「パトロールの強化」：毎日のパトロールを実施し、危険か所には保安員を配置すべきです。

●「陶板作品の掲示」：掲出目的が違っています。

4　報道倫理について

2000年に発表された、WHOなどからのマスメディアによる自殺報道倫理規定があります。

5　総括

●東尋坊では過去30年間に600人以上の人が亡くなっています。
これは200人以上乗りのジャンボジェット機が東尋坊の岩場に3機墜落したことになります。

また、この約4倍が自殺未遂者として警察に保護されており、私達の活動で保護した数を加えると年間200人以上が真剣に自殺を考えて東尋坊に来ており、その多くは県外者です。

若し、この人たちが地元民であったら、今日までの状態で放置しては置けない筈です。

●この現状を鑑みれば、今回当該団体がマスコミ関係者に圧力をかけて報道規制を要望したのは、
①国民の悲願である自殺防止に対する批判の目を翻す、又はその責任を報道機関に転化するためのパフォーマンスである。
②東尋坊で発生している事実をマスコミに圧力をかけて封印させようとしている行為は、今後も自殺防止対策を講じないでおこうとの目論みが見えます。
③今後も「自殺の名所」として観光客を呼び込むための商材にしたいなどの商売人としての思惑が見え隠れしています。

●ここで、マスコミで一番大事な事は正義感であり、真実を報道することだと思います。しかし、未だに地元では「隠す」体質が抜け切らないのです。もし、報道機関が圧力に負けて事実の報道を控えることになれば東尋坊が「淀み」、ひいては「腐敗」して全国民の墓場と化してしまうと思います。

今まで30年以上に亘って何の対策も採らずに放置し、多くの国民の尊い命を商材に利用してきた要望者や地元行政にここで一喝し、現場の事実を公表してその責任者を糾弾することこそが国民の悲願である大きな自殺防止に繋がると思います。マスコミさんの協力なく東尋坊を含めた多くある自殺多発場所での自殺防止対策は考えられません。

ここで、マスコミさんが使命感を持って真実追究のために多くの命まで落とした若い記者さんたちの思いを振り返って欲しいのであり、私たちは、この種の取材に対しては今後も協力を惜しまない所存であります。

私たちが描いている将来の東尋坊像として、

〟昔は自殺の名所であったが今は違うよ〟

〟東尋坊ではもう自殺は出来なくなったよ〟

〟東尋坊は、人生目標を建てる場所であり、人生に生き甲斐が感じられる景勝地ですよ〟

と、福井県民が全国民に向って胸を張って紹介できる場所に一日でも早くなって欲しいと切望しています。

以上

私たちは、今日までに240人以上の自殺企図者の自殺を水際でくい止めてきました。そして、その方たちから自殺する寸前の苦しみを聞いてきました。

この人たちは、人生の落伍者だとか、自殺も個人の自由だとか、弱肉強食の世界だから放っておけと言う人もいます。

先般、ハイチで大地震が発生した時、日本から多くの被害者救援隊が派遣されたとき、そこで活動している現場の医師が、

重傷者の治療をやめて、軽傷者の治療をすべきではないかとのジレンマに陥ってしまいます。

（2010年1月放送）

と、TVのインタビューで答えていた姿が今でも頭に残っています。私たちがやっている自殺

防止活動も、いろんなジレンマに陥いることがあります。

特に、ホームレスや生活困窮者と自殺企図者との扱いについてです。ホームレスや生活困窮者は、
このままの状態では、死んでしまう…！

死んでやる…！

などと、脅迫的な言葉で、大声を出して要求している事が多くありますが、自殺企図者からはそんな要求を聞くことはほとんどなく、
早く楽になりたい…！

早く死にたい…！

生きているのが、辛くて苦しいんです…！

の言葉です。

この言葉は、「生と死」の境界線を越えようとしている時に、最後に出る言葉だと思います。

私たちが岩場をパトロールして、そこで遭遇した自殺企図者にかけている言葉は、「死んだらあかん！」です。

しかし、やっと死ぬ覚悟ができ、これから日本海に向かって飛び込もうとしている時に、突然私たちに声を掛けられ、自殺を止められてしまうと、そこで我に帰って出る言葉は、「調子狂ってしまうなァ…!」でした。

しかし、ここまできた人であっても、じっくりと時間をかけて話を聞くと、最後の最後まで〝まだ死にたくない〟との叫び声であり、

できたら、もう一度頑張りたい!

できたら、もう一度人生をやり直したい!

誰か、助けて下さい!

と、心から叫んでいる声が聞こえてきます。

そして、次に聞こえてくる言葉は、

それじゃー、私はどうしたら良いの…?

あなたは、私に何をしてくれますか…?

あなたは何が出来ますか…?

です。

「自殺対策基本法」にも示されているように、この人たちの心の叫び声は、「国民が健康で生きがいを持って暮らすことのできる社会の実現」です。

こんな社会が、一日でも早く訪ずれる世の中になることを願ってやみません。

おわりに

鳩山総理が、2002年11月6日「国家基本政策委員会合同」の民主党代表質問で、当時の小泉総理大臣に対して「自殺防止対策」について次の質問をされていますので、その要旨を抜粋して報告します。

…考えてみれば、(アメリカの)あの9月11日のような事故、あれで亡くなられたのは3000人余りです。しかし毎月同じような事故が起きているに等しい規模の方々が命を自ら絶っているんですよ。こういう国は日本しかありません。

…もし自分が総理だったら、まずこの問題にアタックをします。そして、これから自殺をしないでも新たな道を再チャレンジできるような、そんなチャンスを与えることができる政府にしたい。

…私が、もし自分が政権を担当するなら、こういう声、サインが今送られているのですから、このサインに対してしっかりとした答えを政府として出します。総理、いかがですか。この問題に対して本気で取り組む自信はありますか。

日本の総理に就任したとき、所信表明として「美しい日本の創造」「再チャレンジができる社会創り」「コンクリートから人へ」などと言っていた言葉を思い出します。「自殺のない社会づくり」は、日本国民の悲願であり、与野党が一つになってこの日本の大きな課題に挑戦して欲しいと思います。

今、東尋坊では、25年前に発生したあの御巣鷹山でのジャンボジェット機墜落事故のように、200人以上乗りのジャンボジェット機が、10年間に1機ずつ、ここ30年間に3機墜落していることになっています。

今、ようやく国も動き出しました、そして各都道府県も動き出しました。あとは、各市町村の自治体の取り組みです。しかし地方分権を旗印に標榜し、実はその中味は利権争いを行っており、自分の私利私欲のために奔走している首長が多すぎると思います。この人たちの意識改革をしないかぎり国民の命は守れないと思います。

これこそが、社会構造的に死に追い込んでいる組織犯罪の主犯者であり元凶になっていると思います。ここにメスを入れない限り、耳触りの良い言葉だけが飛び交っている自治体になってしまうと思うのです。

東尋坊の岩場からこの日本の姿を見れば、日本の歪み構造が見えてきます。
東尋坊は、日本全国から自殺企図者が集まって来ています。その人たちの叫び声に耳を傾け、その人たちの苦しみを耳を傾けて聴けば、今どんな政策が必要かは必然的にわかってきます。それは、一人の悩み事に耳を傾けて、その悩み事が解決できる社会構造にすることです。一人の悩み事が解決できれば、同じ悩み事を持って命を落とそうとしている人が何百人、何千人もいますので、その人たちの命を守ることができるのです。

わたくし事になってしまい恐縮ですが、現在私は、「特定非営利活動法人　心に響く文集・編集局」および「自殺のない社会づくりネットワーク・ささえあい」の代表を務めさせていただいていますが、あと少し、この老骨に鞭打って東尋坊の岩場で遭遇する人たちの悩み事に「傾聴し」「共感し」「同伴」して、一人でも多くの人の命を守っていきたいと思っています。
私の、この小さな悩み事をお聞きくださって、ありがとうございました。

敬具

2010年3月吉日

茂　幸雄

東尋坊～命の灯台守

茂　　幸　雄（しげ　ゆきお）

＜プロフィール＞
● 事務所　福井県坂井市三国町東尋坊64-1-154
1944年２月　生まれ　　66歳
TEL 0776-81-7835　　Fax 0776-58-3119

■経歴

1962年、福井県警察官を拝命
2004年３月31日、福井県警察　警視（三国警察署副署長）で定年退職
在職42年間のうち約27年間を生活経済事犯（サラ金、マルチ商法、薬物事犯、福祉事犯、少年事件等）の捜査官として従事
2004年４月、ＮＰＯ法人「心に響く文集・編集局」代表理事
東尋坊に活動拠点　茶屋「心に響くおろしもち」店を開設、会員数78人
2006年、福井県「自殺・ストレス防止対策協議会」委員
2007年、福井市中部民生委員・児童委員
2009年、「自殺のない社会づくりネットワーク・ささえあい」代表（東京・湯島）

■賞

2006年、（財）毎日新聞社会事業団の「毎日社会福祉顕彰」
2007年、（財）あしたの日本を創る協会「振興奨励賞」
2007年、関西・経営と心の会「心の賞」
2009年、日本民間放送連盟賞ラジオ報道番組部門「最優秀賞」
2010年、シチズン・オブ・ザ・イヤー賞

■資格など

剣道二段、柔道三段、アマ囲碁四段、行政書士、
日本カウンセリング研究会の研修受講

■主な著書

「心に響く文集～勝たなくてもいい　負けたらあかん！」（自費出版）
「東尋坊～命の灯台」（太陽出版）
「自殺したらあかん！　東尋坊の〝ちょっと待ておじさん〟」（三省堂）

（参考資料） ※過去10年間の東尋坊での自殺者数

平成(年)	11	12	13	14	15	16	17	18	19	20	合計
人員数	31	29	30	24	21	25	26	22	21	15	244人

■ 第１章　執筆者 ■

福本さくら（仮名）

2004年４月より東尋坊でＮＰＯ法人を立ち上げ、茂代表と共に自殺防止活動に取り組んでいます。

また、東尋坊の活動のみならず、全国的に自殺防止活動を呼びかけるため、いろいろな団体との交流に参加しております。

■ 第４章　執筆者 ■

佐藤　修

25年間の会社勤務を経て、1989年、㈱コンセプトワークショップを設立し、コモンズの回復をテーマに各地のまちづくりや住民活動の支援を開始。

2001年８月、コミュニティケア活動支援センターを創設し、事務局長として、さまざまな分野のＮＰＯやボランティアグループをつないでいく活動に取り組んでいる。

福山なおみ

大学病院看護師、短大看護教員、大学付属病院看護管理者を経て、2000年から再び教育現場に移り、それまでの体験を活かし、精神看護学の中で自殺予防と看護をテーマとした教育研究活動を開始する。

2005年から自殺対策支援センターライフリンクで自死遺族支援活動に参加。

2009年から「つながり」、「ささえあい」をビジョンに「自殺のない社会づくりネットワーク・ささえあい」を立ち上げ、事務局長として、活動に取り組んでいる。

2010年４月からは群馬医療福祉大学看護学部の創設に従事する。

■ 第６章　執筆者 ■

佐藤　修　（同上）

自殺をくい止めろ！
東尋坊の茂さん宣言

2010年5月15日　第1刷発行

著　者　茂　幸雄

発行者　株式会社 三省堂
代表者　八幡統厚

発行所　株式会社 三省堂
〒101-8371　東京都千代田区三崎町二丁目22番14号
電話　編集（03）3230-9411
営業（03）3230-9412
振替口座　00160-5-54300
http://www.sanseido.co.jp/

印刷所　三省堂印刷株式会社

DTP　株式会社メディット.

落丁本・乱丁本はお取替えいたします〈自殺をくい止めろ・192pp.〉
ISBN978-4-385-36475-9

自殺で家族を亡くして
私たち遺族の物語

全国自死遺族総合支援センター　編

毎日90人もの人が日本のどこかで自ら命を絶っています。
初めての27人の体験・集　〈夫・妻を亡くして〉〈息子・娘を亡くして〉〈父・母を亡くして〉

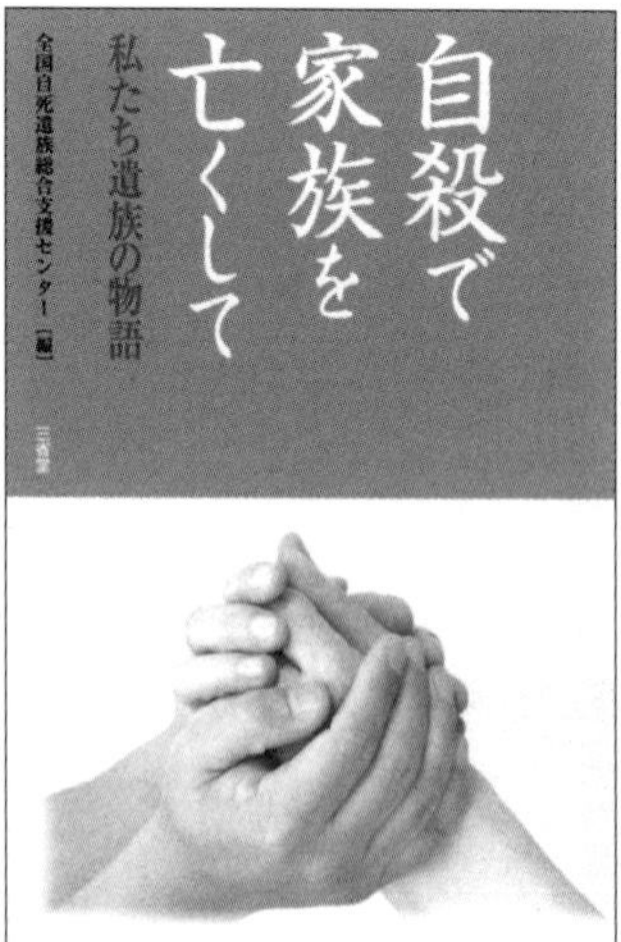

家族を自殺で亡くした衝撃。自殺を止められなかったことへの自責の念。—そして、周りに語ることのできない“沈黙の悲しみ”…
“もう　これ以上　同じような悲しみに暮れる人を増やしたくない”自殺に追い込まれることのない「生き心地の良い社会」を創るために語り始めた遺族たちの物語です。

がんの心の悩み処方箋
精神科医からあなたに

保坂隆・寺田佐代子　著

がんになると、全ての人が様々な不安や悩みを抱える。「うつ」っぽくなる人もいる。―揺れる心を平静に見つめ、めげずに人生を立て直す方法はあるのか？

〈がんの心の専門家〉精神科医と、ベテランのがん患者会代表が、多くの患者さんからの具体的な悩みにQ＆Aで回答。また、最新のうつの薬情報、自分でできる心のケアと家族のケア、グループ療法等を紹介。巻末に「心のセルフケアノート」付き。